发展战略性新兴产业：核心载体和一般规律

Developing Strategic Emerging Industries: Core Carrier and General Rule

蒋　珩◎著

经济管理出版社
ECONOMY & MANAGEMENT PUBLISHING HOUSE

图书在版编目（CIP）数据

发展战略性新兴产业：核心载体和一般规律/蒋珩著．—北京：经济管理出版社，2019.9

ISBN 978-7-5096-6672-2

Ⅰ.①发…　Ⅱ.①蒋…　Ⅲ.①新兴产业—产业发展—研究—中国　Ⅳ.①F269.24

中国版本图书馆 CIP 数据核字(2019)第 123019 号

组稿编辑：梁植睿
责任编辑：梁植睿
责任印制：黄章平
责任校对：王淑卿

出版发行：经济管理出版社
（北京市海淀区北蜂窝 8 号中雅大厦 A 座 11 层　100038）
网　　址：www.E-mp.com.cn
电　　话：（010）51915602
印　　刷：北京晨旭印刷厂
经　　销：新华书店
开　　本：720mm×1000mm/16
印　　张：12
字　　数：159 千字
版　　次：2019 年 9 月第 1 版　　2019 年 9 月第 1 次印刷
书　　号：ISBN 978-7-5096-6672-2
定　　价：68.00 元

国家社会科学基金项目资助出版

论新时代区域协调发展战略的发展与创新[①]

（代总序）

一、新时代区域协调发展战略的演进

区域协调发展的概念是在国民经济“九五”计划中正式提出的。当时的背景是：经过近20年的改革开放，我国经济社会发展取得长足的进步，经济增长开始进入持续的起飞阶段。但随着城乡收入差距拉大，中西部地区与东部沿海地区的发展差距不断扩大，区域发展的不协调越来越引起中央的高度重视，区域协调发展战略作为指导地区经济和社会发展的战略导向而提出，具有深远的意义。

回顾20多年来区域协调发展战略的形成与完善的过程，对我国的经济社会发展起到了重要的作用。

（一）区域协调发展第一阶段（1995～2000年）

20世纪80年代初期，改革开放开始启动。当时我国的区域经济维持一种低水平的均衡状态。改革开放之初，邓小平同志就高瞻远瞩地提出了“两

① 原文发表于《国家行政学院学报》2018年第4期。略有改动。

个大局”的区域发展战略：第一个大局是先集中发展沿海，内地支持沿海地区的发展；第二个大局是沿海发展起来之后，沿海地区再支援内地发展。

在当年改革开放的背景下，东部地区紧紧抓住改革开放带来的发展机遇，利用全球产业向东亚—太平洋地区进行大尺度集中转移的趋势，充分发挥劳动力成本优势，顺应向沿海倾斜的区域发展战略，造成了经济的迅速发展，并在沿海地区形成了我国的制造业基地，进而形成了京津冀、长三角和珠三角这三大都市圈。同时，中西部地区由于区位上的劣势，远离海洋的不利条件，加上对外开放程度较低，经济发展滞后，逐步拉大了与东部地区的经济发展水平差距。在改革开放初期沿海与内地发展水平大体均衡的基础上，到1995年，东部地区与西部地区的人均GDP之比扩大到2.3∶1。

为了改变区域差距日益扩大的趋势，自国民经济“九五”计划起，中央就提出要缓解区域发展差距的扩大，主要途径就是要区域协调发展。因此，从1995年到2000年这五年，是区域协调发展的提出阶段，五年中学术界对于区域协调发展的内涵、主要内容等进行了探讨，特别是对中国区域发展的差距进行了研究，重点分析区域差距产生的原因，找出解决的方案。

（二）区域协调发展第二阶段（2000～2012年）

进入21世纪，区域协调发展进入战略构建时期。1999年底中央决定实施西部大开发，我国的区域经济发展进入东部支援西部的新时期。据统计，从2000年至2009年，西部地区GDP年均增长11.9%，高于全国同期的增速。这一时期最显著的特征是基础设施建设取得突破性进展：青藏铁路、西气东输、西电东送、国道主干线西部路段和大型水利枢纽等一批重点工程相继建成，完成了送电到乡、油路到县等建设任务。特别是大规模的交通基础设施建设，改变了西部闭塞的状况，使物流更为通畅，人员出行更为便捷。

2002年，中央提出实施振兴东北等老工业基地，战略核心是对东北等老

工业基地进行技术改造，提升发展能力。以国有企业的改组改制的体制机制创新也取得了很大的进展。2004 年，中央开始实施中部崛起战略，中部地区以承接产业转移为核心，发展现代制造业。因此，国家在安徽皖江城市带、重庆沿江、湖南湘南、湖北荆州等地建设国家级承接产业转移示范区，取得了明显的成效。

在西部大开发、东北振兴、中部崛起等区域发展战略实施之后，一个覆盖全部国土的区域发展战略开始形成，这就是区域发展总体战略。2004 年的政府工作报告提出“要坚持推进西部大开发，振兴东北地区等老工业基地，促进中部地区崛起，鼓励东部地区加快发展，形成东中西互动、优势互补、相互促进、共同发展的新格局”，标志着全国进入区域协调发展的新阶段。2007 年党的十七大报告，在区域发展总体战略上，加上了生态文明建设的内容，使经济与生态并列，主体功能区政策配合生态文明建设而出台。

（三）区域协调发展第三阶段（2012～2018 年）

在党的十八大之后，习近平总书记多次强调要继续实施区域发展总体战略，促进区域协调发展，是今后相当长一段时间内区域发展的基本战略思想。

习近平总书记强调，区域政策和区域规划要完善、创新，特别强调要缩小政策单元，重视跨区域、次区域规划，提高区域政策精准性。提高区域政策精准性是习近平总书记狠抓落实的工作作风的一贯延续和务实作风的重要体现。

多年来，我国的区域发展战略的政策单元基本上是宏观大尺度的，是对若干省份组成的大区域进行战略指导。从顶层设计的角度讲，这种大区域的战略指导无疑是不可或缺的。但是，战略的落实需要有具体区域的规划，这就必须提高区域政策的精准性，更加有效地依据当时当地的资源条件和发展环境提出有针对性的发展路径。2013 年的中央经济工作会议中，中央把改善需求结构、优化产业结构、促进区域协调发展、推进城镇化作为中国经济发展的四个主攻方向，提出加大对革命老区、民族地区、边疆地区、贫困地区的扶持力度，“精准扶贫”是这一时期提出的最有代表性的扶持政策。

区域协调发展战略的另一个重要发展，是在党的十八大之后，中央推出京津冀协同发展战略、长江经济带发展战略和“一带一路”倡议，形成了新的区域发展战略。

（四）新时代区域协调发展战略的提升

党的十九大报告将区域协调发展战略首次提升为统领性的区域发展战略，正是为了解决新时代社会主要矛盾中的“不平衡不充分”的发展问题。

习近平总书记在党的十九大报告中对区域协调发展战略的阐述是：加大力度支持革命老区、民族地区、边疆地区、贫困地区加快发展，强化举措推进西部大开发形成新格局，深化改革加快东北等老工业基地振兴，发挥优势推动中部地区崛起，创新引领率先实现东部地区优化发展，建立更加有效的区域协调发展新机制。以城市群为主体构建大中小城市和小城镇协调发展的城镇格局，加快农业转移人口市民化。以疏解北京非首都功能为“牛鼻子”推动京津冀协同发展，高起点规划、高标准建设雄安新区。以共抓大保护、不搞大开发为导向推动长江经济带发展。支持资源型地区经济转型发展。加快边疆发展，确保边疆巩固、边境安全。坚持陆海统筹，加快建设海洋强国。习近平总书记的报告概括了区域发展的全部内容，区域协调发展战略与乡村振兴战略等已经一起成为新时代建设现代化经济体系的重要组成部分。

二、区域协调发展战略的理论内涵

区域协调发展战略是在马克思主义经济学和习近平新时代中国特色社会

主义经济思想指导下的区域经济研究的最新发展，有着坚实的理论基础和明确的理论标准。

（一）区域协调发展的理论标准

“协调”的含义是“配合适当、步调一致”。所谓协调发展，就是促进有关发展各系统的均衡、协调，充分发挥各要素的优势和潜力，使每个发展要素均满足其他发展要素的要求，发挥整体功能，实现经济社会持续、均衡、健康发展。

从理论上讲，协调发展反映的是人们对市场经济规律的认识，是把经济规律和自然规律结合起来认识客观世界的实践总结。在全面建设小康社会的进程中，坚持协调发展，就是要自觉地纠正一些地区和领域出现的重经济增长、轻社会进步，重效率、轻公平，重物质成果、轻人本价值，重眼前利益、轻长远福祉，重局部、轻全局的倾向，避免造成经济社会发展的失衡。为实现经济社会可持续发展的战略目标，不是单纯追求 GDP 的增长，而是在经济发展的基础上提升全体人民的福利。

从区域发展的宏观目标出发，区域协调发展的理论标准是：

第一，缩小并最终消除区域发展差距。现阶段促进区域协调发展的一项首要任务，就是要遏制地区间人均生产总值扩大的趋势，并努力使之保持在一个适度的范围内，在实现平衡发展的过程中逐步缩小。

第二，实现区域间公共服务的适度均衡。包括义务教育、公共卫生、基本医疗、社会保障、劳动就业、扶贫开发、防灾减灾、公共安全、公共文化等基本公共服务，不应因地区的不同、人群的不同而有明显的差异。

第三，实现地区间发展机会的均等。包括资源开发、企业进入、基础设施、城市建设、乡村振兴等方面的机会均等，使各地区的比较优势都能够得到合理有效的发挥，有效消除区域间的利益冲突，促进区域间的优势互补、互利互惠。

第四，实现人口、资源与环境的可持续发展。习近平总书记的“绿水青山就是金山银山”的理论，从根本上讲清楚了人口、资源与环境和谐发展的质的规定性，只有让人与自然关系处于和谐状态，才能真正做到区域可持续发展。

（二）协调发展的区域经济学特征

如果我们把协调发展作为区域经济的一种形态，在区域经济学上具有空间性、功能性、动态性和综合性等基本特征。

1. 区域协调发展的空间性特征

从区域经济的理论出发，区域经济是特定区域的经济活动和经济关系的总和。如果我们把全国的国民经济看作一个整体，那么区域经济就是整体的一个部分，是国民经济整体不断分解为它的局部的结果。对于国家的经济来说，整体系统涵盖了部门体系，也涵盖了区域体系。区域是一个实体，是一个子系统。区域体系是由无数个区域实体组成的，而且每一个实体都有其自身的特点和运行规律。我们把国家宏观经济管理职能下面的、按照地域范围划分的经济实体及其运行，都看作区域经济的运行。

区域协调发展的空间性特征表明，不能抛开区域与国家的关系而孤立考虑区域的发展，也不能用每一个区域经济增长的叠加来计算国民经济整体的增长。正确处理区域与国家的关系和区域之间的关系，是促进协调发展的重要原则。

2. 区域协调发展的功能性特征

区域协调发展的功能性主要通过区域定位来体现。也就是说，我们把国民经济看作一个完整的区域系统，根据区域协调发展的要求，各区域的发展必须有一个明确的区域定位，规定该区域在区域系统中扮演的角色。区域定位展示出一个区域的功能特点，找出区域的产业优势和区域的资源优势，形成主导产业，确立带动规划、战略和政策配套。

区域协调发展的功能性在区域产业发展中的表现，就是在产业发展的过

程中形成区域产业功能结构。这个结构是由主导产业、辅助产业和基础产业共同组成的，功能结构的优化也是区域产业结构优化的重要内容。

3. 区域协调发展的动态性特征

在国家的区域发展中，有的地区水平高些，有的地区水平低些；有些地区发展快些，有些地区发展慢些，并且在不断的变化当中，区域经济的动态性特征是明显存在的。区域协调发展理论为我们提供的是如何正确处理公平与效率的问题：把生产要素投入发达地区，效率高些，地区间的差距拉大；投入落后地区，可缩小差距，但又可能会影响效率。所以，如果一项区域发展政策能够实现区域的帕累托改进，这项政策就是可行的。

新时代的区域经济应当更加强调公平发展。区域协调发展正是对区域发展导向的调整和干预，旨在树立整体协调的区域之间的发展关系。

4. 区域协调发展的综合性特征

协调发展是区域发展综合性的一种体现。解决区域发展中存在的问题，需要对区域发展的方方面面统筹兼顾，形成各类综合体。区域的发展不能仅对统计意义上的"整体"做贡献，还要真正惠及由各个区域组成的有机整体。

新时代的区域协调发展战略，最大的特点就是增强了区域发展的综合性。以区域协调发展战略来引领"四大板块"之间、经济带之间、城乡之间、类型区之间的发展关系，从而将区域发展与国民经济发展更加紧密地结合在一起。

三、新时代区域协调发展战略的核心内容

区域协调发展战略的核心内容，是要有效发挥区域优势，正确处理区域关系，形成要素有序自由流动、基本公共服务均等、资源环境可承载的区域发展新格局。

（一）区域经济发展战略的提升与完善

多年来，我国制定了大量的区域规划和发展战略，从大的地域性发展战略到国家级的各类区域的规划，对我国的区域发展起到了重大的成效。特别是当前，这些规划都到了规划成效的显现时期，对这些规划的总结、提升与完善，是区域协调发展的重要任务之一。

区域发展总体战略是以“四大板块”的协调为基础的，中心是以地理位置并考虑行政区所形成的“政策覆盖区”的协调发展，强调的是对区域板块的政策指导和发展定位，所以没有过多考虑区域板块之间的经济联系。因此在全面高效指导我国地区经济的协调发展中，迫切需要加强板块之间的联系。2014 年中央经济工作会议指出：要完善区域政策，促进各地区协调发展、协同发展、共同发展。要重点实施“一带一路”倡议、京津冀协同发展战略、长江经济带战略。经济带战略，恰恰就是从加强区域经济联系的角度进行的政策设计。所以，区域协调发展战略是在继承区域发展总体战略基础上的完善与具体化，是新时代中国区域经济发展的统领性战略。

从板块和类型区协调向全面协调转变，从地域上实现全覆盖，在实施中划定重点区和经济带，对特殊区域采取特殊具体政策，不断细化区域规划使之更有针对性，这就是新时代区域协调发展战略的最大特点。

（二）完善促进区域协调发展的体制机制

经过 40 多年的改革开放和多年的高速发展，我国每个区域都获得了长足的进步，但区域之间的关系始终存在不协调的状况。新时代区域协调发展战略的重要任务之一，是构建完善的区域发展的体制机制。

首先是协同发展机制。当前协同发展的主要区域是京津冀地区。京津冀地区是国家最重要的畿辅地区，但京津冀地区一体化发展远未形成。2014 年 2 月 26 日，习近平总书记在北京主持召开座谈会，听取京津冀协同发展工作汇报，强调实现京津冀协同发展，是面向未来打造新的首都经济圈、推进区域

发展体制机制创新的需要。推动区域协同发展的关键是形成协同发展的机制，包括城市、交通、生态、产业等各个方面，都需要有区域协同的发展机制。

其次是区域经济一体化机制。当前区域经济一体化最成熟的是粤港澳大湾区。区域经济的一体化是包括商品贸易、基础设施、要素流动和政策设计等多个方面的一体化，要有统一的领导，编制一体化的发展规划，制定相关的发展政策，用来推动资本、技术、产权、人才、劳动力等生产要素的自由流动和优化配置。

再次是区域合作机制的完善。“长三角地区”的区域合作是全国的典范。在建立地区党政主要领导定期会晤机制的基础上，进一步探索建立有组织、可操作的专项议事制度，积极推动各类经贸活动的开展。加强政策的统一性和协调性，消除市场壁垒，规范市场秩序，形成良好的政策环境和发展条件。

（三）构建精准性的政策体系和可操作的政策平台

为了提高政策的精准性，全方位、多层次的协调发展需要有与之相适应的政策平台。经过多年的实践，我国管理区域政策平台的经验已经日臻成熟。国家发改委等有关部门近10年来出台了数十个发展规划和区域发展的“指导意见”，取得了显著的效果。

当前的问题是，随着区域经济发展态势的变化，政策范围过宽、各类政策不连贯、政策功能不明确的问题开始显现。例如，开发区政策、国家级新区政策、综合配套改革试验区政策与主体功能区政策之间的联系就比较少，有些地方甚至存在一定的冲突。所以，建立统一规范、层次明晰、功能精准的区域政策体系，是从全局性和区域性出发推进区域协调发展的重要途径。发挥区域政策在宏观调控政策体系中的积极作用，可以加强区域政策与财政、货币、产业、投资等政策的协调配合，突出宏观调控政策的空间属性，提高区域政策的精准性和有效性。

优化区域创新与发展平台。我国当前经济增长动力正在发生转换，实施区域协调发展战略需要培育区域经济新动能，需要改革区域创新的体制机制，而这些动能的转化落实在空间上，就是要进一步完善各类发展平台。具体措施：一是激发活力，以体制机制改革促进经济活力的迸发，以科技创新促进生产能力的提升；二是拓展空间范围，让这些功能平台更多向中西部地区、革命老区、边疆地区、贫困地区延伸，使这些政策资源匮乏的区域获得加快发展的政策资源；三是自身优化，当前看这些功能平台的发展参差不齐，对区域发展起到的作用也差别很大。自身优化的核心是调动发展能力，提升产业层次，拓展产业规模。

加强区域规划的权威性和操作性。区域规划是充分发挥地域优势、谋划区域未来发展的纲领性文件。多年来，我国的区域规划已经成为区域发展、产业选择和项目安排的依据。然而，并不是所有的区域规划都能够得到有效的实施。原因就在于有些规划不具有权威性和可操作性。从我国目前的情况来看，区域发展最需要加强规划的是跨行政区的区域发展，而恰恰是这类“合作区”的规划最难实施。难点就在于行政区的利益难于协调。做好区域规划与相关规划的衔接配合，真正实现“多规合一”，做到“一张蓝图绘到底”，不因地方政府换届而造成政策多变，保持政策连贯性。

（四）保障国家和区域生态安全

推进生态文明建设是新时期区域发展的重要组成部分，是区域可持续发展的重要保障。习近平总书记十分重视生态文明建设，多次指出建设生态文明，关系人民福祉，关乎民族未来。把生态文明提高到民族生存的高度来认识，是从来没有过的，也体现了习近平总书记在区域发展上的高瞻远瞩。

由于我国国土面积广大，生态环境多种多样，同时历史遗留的环境问题较为严重，建设生态文明的任务十分繁重。对于如何推进生态文明建设，习近平总书记从着力树立生态观念、完善生态制度、维护生态安全、优化生态环境，形成节约资源和保护环境的空间格局、产业结构、生产方式、生活方

式等方面提出了基本的思路。他指出必须树立尊重自然、顺应自然、保护自然的生态文明理念，坚持节约资源和保护环境的基本国策，坚持节约优先、保护优先、自然恢复为主的方针。

经济发展同生态环境保护的关系历来是十分复杂和难以处理的关系。习近平总书记强调，牢固树立保护生态环境就是保护生产力、改善生态环境就是发展生产力的理念，更加自觉地推动绿色发展、循环发展、低碳发展，决不以牺牲环境为代价去换取一时的经济增长。这种理念突出地反映了我国对区域发展的新思路，这种思路是可持续发展的最高理念。

四、新时期区域协调发展战略的实施重点

新时代区域协调发展战略需要理论深化，更需要实践的创新探索。在构建新时代现代经济体系的大背景下，实施区域协调发展战略，需要完成六大重点任务。

（一）加快特殊区域发展，核心是解决区域援助问题

党的十九大报告中首先提到特殊区域的发展：加大力度支持革命老区、民族地区、边疆地区、贫困地区加快发展。特殊区域一般都是问题区域，这些区域存在的问题有：基础设施缺乏和基本公共服务不完善，是掣肘地区经济发展的瓶颈；产业基础薄弱，缺乏特色，大多数地区以农业生产或畜牧养殖为主，发展的能力很低；特殊区域大多远离市场，资源丰富但开发程度不高，很难吸引企业入驻。

对于上述特殊区域的发展战略，应采用对口援助。给予特殊的政策支持，对于本身发展能力弱的区域，增加人力物力的支援。

（二）完善“四大板块”战略，核心是在国土全覆盖的情况下解决如何实现协调发展问题

针对不同地区实施全覆盖的“四大板块”战略，是以地理单元为基础形

成的区域发展战略。由西部开发、东北振兴、中部崛起、东部率先组成的区域发展总体战略，多年来在解决空间关系、缩小发展差距和优化配置资源等方面发挥了重大的效用。新时代的区域协调发展战略，就是要继续发挥“四大板块”在空间协调上的作用，同时加强经济联系、推动要素流动，处理好板块之间、省际之间和中间地带如何实现全覆盖发展的问题。

（三）推进经济带发展战略，解决如何加强区域协同、创新和经济联系问题

目前形成国家战略的三大经济带：环渤海经济带（京津冀为核心）、长江经济带和丝绸之路经济带，均是在一个开放的区域空间中，由相对发达的区域与相对不发达的区域结合构成的。经济带的形成在一定程度上可以优化相对落后区域的生产力布局，促使区域要素配置发生积极变化，进而推动相邻地区经济的协同发展。

与局域性发展战略相比，经济带发展战略涉及地域空间范围更广、合作内容更全。从地域上看，这是跨省级行政区乃至连接国内外的空间安排；从内容上看，经济带发展战略强调基础设施互联互通、重点领域率先突破和体制机制改革创新，通过改革创新打破地区封锁和利益藩篱。经济带发展战略的深入实施，促使我国区域经济版图从主要依靠长三角、珠三角和京津冀三大引擎带动的传统格局，向区域联动、轴带引领、多极支撑的新格局转变，这必将对促进区域协调发展注入新的动力。

（四）实施城市化战略，解决区域发展的带动与承载问题

城市化是现代化的必由之路，是保持经济持续健康发展的强大引擎，是加快产业结构转型升级的重要抓手，是推动区域协调发展的有力支撑，是解决“三农”问题的重要途径和促进社会全面进步的必然要求。

空间格局上，城市群、中小城市和小城镇将是新型城镇化的主要载体，中小城镇是接纳农村转移人口的主要承载区域。产业发展上，城市化需要产

业支撑，通过城市群集聚要素，提高服务业比重，吸纳新市民就业。当前，城市群的作用越来越强。以城市群引领区域经济发展的趋势未来还会继续加强。与此同时，大城市特别是超大城市的功能正在进一步疏解；此外，城市发展正从粗放到精致转化。对于城市群的带动力与承载力的评估将是下一步研究的重点。

（五）重视“问题区域”发展，解决资源枯竭型地区和衰退地区的复苏问题

“问题区域”不同于“后发区域”，她是曾经辉煌和发达、后来落伍的区域。当前我国的“问题区域”主要集中在北方资源枯竭地区和东北等老工业基地。这些区域的一个共同特点，可以概括为“单一结构”区域：就是以某一类资源为基础形成的资源型产业在当地的产业结构中比重很大，当地经济的繁荣与衰退完全被这类资源产品的价格所左右。“单一结构”地区当前面临的是产业选择和综合发展的难题。把握好产业发展的次序，“单一结构”区域才能在产业转型中步入合理路径。

（六）坚持陆海统筹战略，解决建设海洋强国与海洋国土开发问题

陆海统筹最初是在“十二五”规划中明确提出的。将发展海洋经济、建设海洋强国放在战略的高度。党的十九大报告从战略高度对海洋事业发展做出了重要部署，明确指出要“坚持陆海统筹，加快建设海洋强国”。在当前的国际局势下，继续推动陆海统筹战略，必须统筹海洋维权与周边稳定、统筹近海资源开发与远洋空间拓展、统筹海洋产业结构优化与产业布局调整、统筹海洋经济总量与质量提升、统筹海洋资源与生态环境保护、统筹海洋开发强度与利用时序，并以此作为制定国家海洋战略和制定海洋经济政策的基本依据。

总体来看，党的十八大以来，“一带一路”建设、京津冀协同发展、长江经济带发展、粤港澳大湾区建设等重大区域战略稳步推进，区域板块之间

融合互动，区域发展协调性持续增强，形成了区域协调发展新格局。习近平总书记在党的十九大报告中提出了“新时代”的重大命题：到 2050 年分“两步走”实现现代化的中国梦，引发了经济学界对于新时代中国经济发展的广泛讨论。其中，建设现代化经济体系是实现现代化的主要途径，区域协调发展战略是建设现代化经济体系的重要一环，是我国指导区域经济和社会发展的基本战略之一，是解决新时代人民日益增长的美好生活需要和不平衡不充分的发展之间的矛盾的关键途径。

新时代中国区域经济的协调发展需要理论的进一步深化，进而来指导实践的创新。在经济管理出版社的大力支持下，我们组织编写了《新时代中国区域协调发展热点问题研究系列丛书》，本丛书涵盖了京津冀协同发展、长江经济带、西部大开发、中部崛起、粤港澳大湾区建设、“一带一路”建设、县域经济发展、贫困区域发展等区域经济的主题；各位作者围绕区域经济体系建设、主体功能发展、城市群（都市圈）发展、自由经济区问题、区域合作问题和区域交通建设等方面，进行了深入的研究，形成了一批有分量的成果。

愿这套丛书的出版能为中国区域经济协调发展的研究者提供理论的支撑和实践的参考。鉴于实践和资料所限，本丛书还存在诸多方面的不足，需要不断完善和补充，真诚希望学界和各位同人提出宝贵的意见和建议。

孙久文

中国人民大学应用经济学院教授、博士生导师

全国经济地理研究会会长

中国区域经济学会副会长

中国区域科学协会副会长

2019 年 9 月于北京

前　　言

21世纪初金融危机后，世界各国尤其是发达国家不约而同地将目光聚焦到战略产业和新兴产业的发展上，纷纷在自己具有产业和科技比较优势的领域抢占全球科技制高点。同时，以绿色经济为代表的第四次产业革命的钟声已经敲响，率先认识到这次产业革命带来的新技术的机遇，并将其转化成经济上成功的新产品和服务的国家和地区，未来才有可能保持长期的经济增长。为此，我国政府提出了战略性新兴产业的概念，将战略性新兴产业界定为：以重大技术突破和重大发展需求为基础，对经济社会全局和长远发展具有重大引领作用，知识技术密集、物质资源消耗少、成长潜力大、综合效益好的产业，并于2010年10月发布了《国务院关于加快培育和发展战略性新兴产业的决定》，文件指出，要将战略性新兴产业加快培育成为先导产业、主导产业和支柱产业，同时确定了现阶段重点培育和发展节能环保、新一代信息技术、生物、高端装备制造、新能源、新材料、新能源汽车等产业。进入“十三五”时期后，政府又将现有的战略性新兴产业涵盖的七大领域24个重点方向进行了有机的合并、调整和增补，从大的范围和领域划分为网络经济、生物经济、高端制造（包括高端装备制造与新材料）、绿色低碳（包括新能源、新能源汽车、节能环保）、数字创意五大领域及其八大产业。

在此大背景下，我国各级地方政府也纷纷将培育和发展战略性新兴产业列入本地产业发展规划，但由于我国区域经济发展极为不平衡，战略性新兴产业的发展喜忧参半。根据国务院公布的有关资料显示，“十二五”时期，我国战略性新兴产业实现跨越式发展，产业增加值增速是同期国内生产总值增速的两倍以上，占国内生产总值比重达到8%左右，一批关键技术研发取得突破，产业创新能力和营利能力明显提升。新一代信息技术、生物、新能源等领域一批企业的竞争力进入国际市场第一方阵，高铁、通信、航天装备、核电设备等国际化发展实现突破，一批产值规模千亿元以上的新兴产业集群有力支撑了区域经济转型升级。但仍有很多因素成为制约战略性新兴产业健康有序发展的瓶颈，如风能、太阳能电池、集成电路、光电、高性能计算、创新药物、大型装备、控制技术和高性能材料等领域核心技术未能掌握，关键部件严重依赖进口。一些产业在政府的政策扶持下出现产能过剩，政府叠加支持并没有打造出一个可以自我良性循环的产业，反而出现了该产业对政府的依赖现象。导致这些问题存在的一个重要原因是一些地区发展战略性新兴产业时，对其发展思路把握认识不足，表现为产业战略基本雷同，一些地区不顾原有的产业基础和产业结构以及人才基础和技术基础，在发展战略性新兴产业所需的高端人才和高科技技术均缺乏的情况下，未经充分论证就一哄而上。有资料显示，已有超过90%的地区选择发展新能源、新材料、电子信息和生物医药产业，近80%的地区选择发展节能环保产业，60%的地区选择发展生物育种产业，50%以上的地区选择发展新能源汽车产业。在很多地方政府产业规划和实施细则里面大多是以政府为核心的帮扶措施，市场机制在资源配置中的决定作用被忽略或削弱了，战略性新兴产业自身的发展规律被忽视了。

实践中存在的问题引起了学术界的高度关注，为学者们提供了值得深入研究且迫切需要研究的课题。本书即为笔者所主持的国家社科基金面上项目“复杂科学理论视角下国家自主创新示范区战略性新兴产业跃迁演化机理研究”（14BGL217）的最终成果。本书基于复杂科学理论视角展开，以战略性新兴产业发展势头良好的国家自主创新示范区为实证对象，解析战略性新兴产业发展演化的内在机理，探索区域经济与产业发展的一般规律，并主要解释两个问题：一是战略性新兴产业发展的核心载体，即适宜发展战略性新兴产业的区域有什么特征，主要是其区域要素禀赋的赋存状态特征。即回答为什么是此区域而非彼区域。二是战略性新兴产业发展的一般规律，主要是其跃迁为先导产业、主导产业和支柱产业的内在机理。即回答为什么此产业可以实现跃迁而非彼产业。具体包括五大部分（共八个章节）：第一部分对相关的理论脉络进行系统回顾和梳理，并介绍了本书新的研究视角以及研究价值，以便于整体地把握本书的逻辑思路；第二部分在对中外战略性新兴产业发展实践进行梳理后，分类逐一对现有的国家自主创新示范区战略性新兴产业发展现状进行描述；第三部分对现有国家自主创新示范区要素禀赋的赋存状况进行了比较分析，并进一步分析了其战略性新兴产业系统的复杂性特征；第四部分分析了国家自主创新示范区战略性新兴产业系统演化的微观机理和宏观状态的涌现机理；第五部分得出全书的研究结论并提出政策措施及建议。希望本书的出版能为各级政府制定产业政策时提供参考，同时也能为丰富我国复杂科学在区域经济与产业发展研究中的运用贡献绵薄之力。

中国技术经济学会复杂科学管理分会理事长、武汉大学复杂科学管理研究中心主任徐绪松教授对本书的初稿及写作体例提出了富有建设性的意见，在此表示深深的谢意！

武汉学院信息工程学院副教授、课题组成员吴小霞博士承担了本书数学模型的检测和部分计算工作，经济管理出版社责任编辑梁植睿女士细致地审阅了书稿并提出了中肯的修改意见，本书的出版还得到了武汉工商学院国家级课题配套经费的资助，在此一并表示衷心的感谢！

蒋　珩

2019 年 7 月

目　录

导　言

21 世纪初金融危机后，以发展具有战略意义的高科技产业培育新的经济增长点，迎接第四次产业革命，抢占国际科技经济制高点，已成为世界主要国家的共同选择。为跻身世界科技经济主赛场，我国政府拟定了培育和发展战略性新兴产业的规划和纲要，旨在使其成长为未来的先导产业、主导产业和支柱产业。各级地方政府也纷纷将培育和发展战略性新兴产业列入本地产业发展规划，试点区域通常首选国家高新技术开发区（以下简称高新区）或国家自主创新示范区（以下简称自创区）。

通过高新区承载高新技术产业发展的模式源自于20 世纪中后期，美国硅谷的飞速发展获得了举世认可之时。20 世纪 90 年代以来，硅谷更成为信息产业的发动机，在为美国带来巨大财富的同时，它也深刻地影响了全人类的社会文明进程与生活方式。硅谷飞速发展和成功引领高新科技的经验已经成为世界各国争相效仿的楷模。世界各国逐渐认识到：在本国特定的区域内以发展高新技术和新兴产业为目的，形成知识和技术密集性区域实体，以带动本国经济飞跃发展是一种新的行之有效的经济发展模式。从印度的班加罗尔到中国的中关村，再到巴西、俄罗斯，各个国家都在努力创建自己的“硅谷”。这种特定的区域在不同国家和地区有不同的称谓，如科技园、技术园、创业园区、研究园区、孵化中心、高技术密集区、高技术工业园区以及技术城等，在我国既采用这些称谓，也统一使用高新区的提法。20 世纪 80 年代后期，我国政府陆续批准建立国家高新技术产业开发区，2009 年国务院在国家高新区和经济特区建设的基础上，开始陆续遴选批准设立国家自主创新示范区，旨在通过体制机制创新和政策扶持，在推进自主创新和高技术产业方面先行先试、探索经验、突破重点，集聚创新要素，形成区域增长极，促进区域协同创新发展，为其他地区经济发展做出示范。2014 年以前，国务院仅批准了北京中关村、武汉东湖、上海张江三家自创区，以及安徽合芜蚌一家试验区。2014 年 6 月，深圳成为第四家自创区，也是党的十八大后第一个以城市为基本单位的自创区。2014 年 10 月，苏南成为第五家自创区，是中国首个以城市群为基本单元的自创区。此后，又陆续批复了天津滨海、湖南长株潭、成都高新区、西安高新区、杭州高新区、广东珠三角、河南郑洛新、山东半岛、辽宁沈大、福建福厦泉、安徽合芜蚌、重庆高新区等为自创区。截至 2016 年 7 月底，自创区已发展为 17 家，在战略性新兴产业的培育和发展中，自创区承担着重要的历史使命，正在成为一批战略性新兴产业的策源地或聚集区和核心载体。

区域经济学的原理告诉我们，不同的区域由于地理位置不同、社会经济发展状况不同、人文环境不同、产业基础不同，适于发展的产业也就不同，从目前我国战略性新兴产业发展实践来看，发展势头良好的产业多位于自创区，特别是其中一些新兴的快速发展区域和具有较高创新能力的产业区正在成为国民经济和区域经济增长的引擎。而另一些区域则形成了产业对政府政策的依赖，无法自身发展。同时，即使那些发展势头良好的产业仍面临一些制约其发展的瓶颈，使得其能否成长为先导产业、主导产业和支柱产业存在着巨大的不确定性。现实既为学者们提供了深入理解和探究区域经济发展新机制的素材和动力，又呼唤着理论研究的创新以对发展战略性新兴产业实践中存在的“何地发展”和“如何发展”问题提供有力的解释、建议和指导。

“十三五”时期，我国发展仍处于可以大有作为的重要战略机遇期，战略性新兴产业正处于可否持续健康发展的关键期，自创区能否充分发挥市场机制的作用，尊重战略性新兴产业自身的发展规律，率先走出瓶颈，将战略性新兴产业发展为先导产业、主导产业和支柱产业，是自创区能否起到示范作用的重要标志。因此，本书尝试通过分析比较我国战略性新兴产业发展的核心载体——国家自主创新示范区的区域特征，研究自创区战略性新兴产业跃迁为先导产业、主导产业和支柱产业的演进机理，探寻战略性新兴产业成长的一般规律。

第一章　理论脉络和新的视角

第一节　需厘清的三个理论脉络

一、有关战略性新兴产业成长的不确定性研究

战略性新兴产业是近十多年来我国提出的一个新概念，国外相关研究主要是针对新兴产业展开的。新兴产业从孕育、诞生到快速发展的历程就是新兴技术产业化的过程，众多新技术创新在新基础结构上推广应用，引发新兴产业的出现和发展，这种新的基础结构实际上就是新的技术轨迹（Giovanni Dosi，1982）。产业发展的轨迹由既有的技术路径转向新的技术路径，进而诱发形成新兴产业（Philip Anderson & Michael L. Tushman，1990）。所谓新兴技术是指建立在科学基础上的，可能创立一个新行业或改变某个老行业的创新（George S. Day，Paul J. H. Schoemaker & Robert E. Gunther，2000）。

创新的概念最早由美籍奥地利经济学家 Joseph A. Schumpeter（1912）在《经济发展理论》一书中首次使用，Schumpeter 所说的创新包括技术变革、生产方式的变革内容，同时更具有经济制度形态的转变特征，他认为，创新

就是实现生产方式的新组合。在新组合的实现过程中，存在很多不确定因素，即使人们有无限多的时间和无限广泛的资料、数据去实现新组合，很多事情也只在理论上是确定的，但是在实际情况中仍是不确定的。受 Schumpeter 的影响，美国经济学家 Paul M. Romer（1990）通过引入一个显性的研究与开发（R&D）部门来解释技术进步的内生性来源。R&D 是指为了进行知识创造和知识应用而进行的系统的创造性工作，是人们不断探索、发现和应用新知识的连续过程，而技术创新是企业以获取利润为目的，将有关新工艺、新产品的知识商业化的过程。R&D 过程中"生产"出的知识在增加知识总量的同时，也成为技术创新的基础。R&D 为新技术和新产品的商业化提供了可能性，而技术创新则把这种可能性变成了现实。R&D 的重要特征之一是不确定性，主要表现在两个方面：一是知识生产过程的不确定性。由于 R&D 是新知识的生产过程，其生产函数是一个"黑箱"，企业甚至无法预测 R&D 产出的概率分布，因此这一投入产出过程充满了高度的不确定性。二是市场实现过程的不确定性。在 R&D 的产出（即新产品和新工艺）商业化的过程中，由于是新工艺和新产品，企业无法根据已有工艺和产品去预测新工艺和新产品的市场效果和可能给企业带来的未来收益，因此这一实现过程也是不确定的，此时最大的特征是主导设计尚未确定。美国著名管理学家 Michael E. Porter（1980，2000）则认为新兴产业为新建立的或重新塑形的产业，它是采用新兴技术进行生产、产品技术含量高的产业，其出现的前提是社会科技创新、产业本身相对成本降低。他认为，大部分新产业的特点是有很多的不确定性，诸如潜在市场的大小，产品结构能否优化，潜在买主的本质以及如何最好地找到它们，技术难题能否克服等。

从产业生命周期来看，单个具体的产业生命周期一般要依次经历进入期、成长期、成熟期、衰退期等各个发展阶段。新兴产业应处于产业进入期和成长期早期，这些产业的特点是技术先进，代表产业发展方向。James

M. Utterback 和 William J. Abernathy（1975）在对多个产业和创新案例进行分析时，将产品的创新过程分为流动过程、过渡过程和专业化过程三个阶段，他们认为在流动阶段，产品和市场的变化很大，不确定性很强，产品的技术创新处在满足市场需求的探索阶段。1982 年，Michael Gort 和 Steven Klepper（1982）通过对 46 个产品最多长达 73 年的时间序列数据进行分析，按产业中的厂商数目进行划分，建立了产业经济学意义上第一个产业生命周期模型，它是被大量经验研究所支持的描述产业动态发展的规范化模型。

我国政府提出的战略性新兴产业指的是新兴产业中有可能成长为先导产业、主导产业和支柱产业的那一部分。先导产业处于成长期，这些产业的特点是发展速度快，能够引起产业结构的变动，可能发展成为主导产业；主导产业和支柱产业则处于成熟期，主导产业的特点是技术处于领先地位，代表了产业结构演变的基本方向或趋势，对整个国民经济发展具有明显的促进作用，能带动整个产业结构走向高级化。支柱产业的特点是在国民经济中所占比重最大，具有稳定而广泛的资源和产品市场，构成一个国家或地区产业体系的主体（史忠良，2005）。李金华（2011）认为，一个产业所以能被称为战略性新兴产业，首先应该是新兴产业，且同时具备战略性产业和新兴产业的共同特质。

不确定性是战略性新兴产业形成期最突出、最典型的本质特征。战略性新兴产业发展的核心是技术创新，支撑产业发展的技术不成熟，研发设备不完善，新技术的市场用途难以准确定位，早期使用者难以辨别以及其他因素都会使战略性新兴产业的成长具有不确定性（李晓华、吕铁，2010）。在战略性新兴产业的孕育和形成期，其核心技术和主导设计尚未成熟，存在着核心技术的不确定性、产业化的不确定性、市场需求的不确定性以及从创新中获利的不确定性，使技术研发和产业化过程中的巨额投资有可能无法获得技术投资带来的收益（朱瑞博、刘芸，2011）。胡昱（2012）认为，战略性新兴产业技术创新与市场需求之间的共生演化过程存在非连续性、非稳定性特征，市场需求的巨大不确定性带来了技术创新的巨大不确定性。费钟琳、魏巍（2013）认为，在产业引入期，充满着创造性探索，技术的经济价值和市场价值不确定性明显，风险巨大。现有企业是否转入该产业领域，是否有新企业创建等都处于不确定状态。

综合国内外学者的研究可以看到：新兴产业、先导产业、主导产业和支柱产业处于产业生命周期的不同阶段，技术创新贯穿于产业生命周期的整个过程，深刻地影响着整个产业生命周期的运行轨迹。在新兴产业发展过程中，有两条必经之路：技术创新转化为原型产品；原型产品转化为商品，实现产业化。由于不确定性的存在，产业发展常常在此夭折，所以前者被称作“死亡之谷”，后者被称为“达尔文之海”（Lewis M. Branscomb & Philip E. Auerswald，2002；Geoffrey A. Moore，2008）。由于现代科技前沿成果大多并不成熟，技术创新能否产业化、何时产业化都充满了巨大的不确定性，这就导致发展战略性新兴产业能否成功同样也具有巨大的不确定性。也就是说，战略性新兴产业能否成功穿越“死亡之谷”和“达尔文之海”同样也具有巨大的不确定性。而现有研究既缺少对新兴产业穿越“死亡之谷”和“达尔文之海”的内在演化机理的分析，也未说明如何判断战略性新兴产业能否成长为先导产业、主导产业和支柱产业，缺少对战略性新兴产业向先导产业、主导产业和支柱产业跃迁的临界点的分析和对跃迁标志的定量评价。

二、有关战略性新兴产业发展中政府和市场的分工研究

在西方经济理论领域，自由主义思想经济理论如古典经济学、新古典经济学、新自由主义都推崇“小政府”“大社会”，坚决反对政府运用各种政策手段，对宏观经济、产业经济，乃至各个微观经济主体的决策行为施加影响。而推崇政府干预理论的官员和学者则提出了不同的主张。被誉为“现代

产业政策理论奠基人”的美国第一任财政部长 Alexander Hamilton 在 1791 年向国会递交的一份《关于制造业的报告》中，提出了运用政府的保护性政策，对于一些重点产业实施支持，通过发展工商业来促进美国经济发展。德国经济学家 Georg Friedrich List 受扶持新兴制造业的思想的启发，构建了一个落后国家保护本国具有战略意义的幼稚产业，利用保护性政策，促进本国经济发展的理论体系。

20 世纪中后期以来，国外一些学者在研究新兴产业在孕育期和形成期创新活动的特点时，指出政府支持技术创新的政策和计划是技术创新的制度因素之一（Richard R. Nelson，1988），政府可通过直接资助研究性大学、研究院所和高新技术企业促进产业发展，也可通过与市场共同分担研发风险鼓励产业创新（Gregory Tassey，1997；Christian H. M. Ketels，2007）。Porter（1990）通过引入竞争优势理论，从一个新视角分析了通过政府扶持政策在要素条件、需求条件、支持性产业与相关产业、公司战略、结构和竞争等方面发挥作用，促进或限制相关产业的发展。Alan Blinder（2011）、Andrew Michael Spence（2011）认为，如果政府能够针对那些在进入市场初期可能会产生市场不足的产业产品提供一定的产业政策支持的话，那么就可以分担相关的企业成本，有助于本国企业抢占全球市场，即产业政策可以在决定国内企业的国际竞争力方面充当战略性的角色。

国内一些学者认为，战略性新兴产业的提出有其特定的时代背景和被赋予的使命，在发展初期属于弱势产业，在这个阶段，政府尤其是发展中国家的政府对产业的扶持和推动更加重要，政府需要通过“一企一策”的方式重点扶持潜力企业实施产业链整合战略，推动产业链不同环节间的交互式学习和互动（朱瑞博、刘芸，2011）。政府科技投入可以按创新链的规律统一组织研发活动，搭建“产学研政”合作的平台，从研发到创新全过程都给予相应的投入和补贴，促进科技资源优势互补，在技术风险低的领域，政府的重点是加速科技成果产业化的进程，在技术风险高的领域，政府需要主导高风险的技术创新和产业研发，尽快形成共生技术，并实施产业化。政府要协调创新联盟关系，管理部门如工商、税收、质监、安全等都要改变管理方式，实施体制和机制创新（段小华，2010，2011；朱瑞博、刘芸，2011）。陈柳钦（2011）认为，要处理好政府扶持与市场机制的关系，宜采取市场主导与政府推动相结合的模式，战略性新兴产业领域的新技术、新产品，在市场导入期往往存在种种障碍，需要政府推动应用示范、标准制定和基础设施建设等。政府部门要以为企业创造良好的发展环境为重点，消除制约发展的体制性、机制性障碍，充分发挥市场配置资源的基础性作用。剧锦文（2011）指出，无论是中央还是地方政府都应通过财政、金融和资本市场等手段，积极扶持那些目前还比较弱小，但代表着产业发展方向的中小型民营科技企业，我国民营企业主要通过外生方式来发展战略性新兴产业是一种战略选择。霍国庆、李天琪和张晓东（2012）在分析国家、企业和科研机构在战略性新兴产业发展中的分工时指出，政府发挥着规划、规范、指导、协调的作用；企业是价值创造的主体；科研机构与高校担负着支撑和引领的重任。杨以文、黄永春（2012）认为，在战略性新兴产业发展的早期阶段，政府扶持措施的作用体现在充分提高该产业新技术、新产品开发投资的收益，政府支持的目标是将潜在市场需求转变成实际有效的市场需求。只有当市场需求成长起来，并给企业带来较为稳定的盈利时，政府的支持政策才可以逐步退出。政府激励政策的退出期的选择应考虑技术推动因素，一般来说，选择新技术、新产品经过不断试验和优胜劣汰，产生了主导性技术和产品的时期较为合理。政府的扶持政策包括：各种专项经费支持；投资、经营和收入等方面税收优惠；对使用传统或淘汰技术的产业增加税收负担；制定鼓励新技术、限制过时技术的技术标准和法规等。熊勇清、郭兆（2012）建议，在培育和发展战略性新兴产业过程中，需要针对政府与企业不同的“主体”，从产业与市场不同的“角度”建立相关利益协调机制，使各个主体在不损害其他主体利益的前提下获得最好的或者最不坏的结果。

目前的文献对政府产业规划、产业政策研究较为深入、全面，但政府属于外生性因素，市场才是其发展的内生变量。一部分学者们也意识到要重视市场对资源配置所起的决定性作用，但现有文献缺少对战略性新兴产业自身演化的一般规律研究，以及适时适当地调整政府扶持政策的种类及力度的建议，更无以自创区为实证对象，对战略性新兴产业发展的一般规律的研究。

三、有关战略性新兴产业发展的核心载体研究

国外的学者并没有提出产业发展的核心载体的概念，相关研究是围绕着承载高新技术产业发展的科技园区或新产业区展开的。兴办高技术园区推动技术创新、发展高新技术产业是20世纪一些国家或地区实现跨越发展的最重要的创举，美国“硅谷”和英国剑桥高技术园区的成功所产生的示范效应，使许多国家和地区也开始尝试设立类似的高新技术园区，这一时期产生了很多相关理论，最具代表性的就是法国经济学家Francois Perroux提出的增长极理论，Perroux（1955）指出，如果把发生支配效应的经济空间看作力场，那么位于这个力场中的推进性单元就可以描述为增长极。增长极是围绕推进性的主导工业部门而组织的有活力的高度联合的一组产业，它不仅能迅速增长，而且能通过乘数效应推动其他部门的增长。Albert Otto Hirschman（1958）、Jacques－Raoul Boudeville（1966）、Niles M. Hansen（1972）等学者进一步发展了该理论，把增长极界定为都市内不断扩大的一组产业，通过其自身对周边的影响而带动区域经济活动的进一步发展。区域经济发展取决于是否拥有动力型的工业区域，通过极化和扩散过程形成增长极。

20世纪七八十年代，一些学者针对美国、意大利、德国、法国的新产业

区出现的与当时经济萧条相反的繁荣现象指出，新产业区是在一个有自然和历史的区域，有共同社会背景的人们和企业形成的社会地域生产综合体，这种模式的特点是柔性专业化，即灵活性与专业化并存（Angelo Bagnasco，1977；Michael Piore & Charels Sabel，1984；Giacono Becattinni，1990）。Porter（1990）则是通过“产业集群”的概念来分析，他认为，集群指某一特定区域下的一个特别领域，存在着一群相互关联的公司、供应商、关联产业和专门化的制度和协会。产业集群中，当一个产业转入另一个产业时，其研究发展观念的刺激、新战略和新技巧的移植，都会激发这个产业的升级效益。由于信息的流通更顺畅，创新的气氛随供应商和客户的关系快速地扩散，自然形成产业集群内的关联，因此也带来新的竞争观念和新的机会。新人和新智慧出现新的组合，硅谷蹿起就是个很好的例证。

Manuel Castells 和 Peter Hall（1994）将高新技术园区模式分为四种：产业综合体、技术园区、科学城和科技园区网络计划。美国的硅谷、波士顿128公路、明尼苏达城和英国西伦敦属于产业综合体模式，即由建立高技术公司的产业综合体组成，其一般特征是在科技资源相对集中的地方开辟园区，利用知识、技术和人才密集的优势，吸引企业，形成良好的研究开发与制造相结合的条件，使研究开发成果迅速物化并及时转移到企业，形成规模生产，促进高技术产业的形成。一些学者认为，高技术园区应具备一所研究型大学、产业园、风险资本、高技术的公共支持和满意的社会环境（AL Saxenian，1996；Elizabeth Garnsey，1998）。但从实践来看，世界上有些具备这些前提条件的地区并没有发展出像硅谷那样成功的高技术产业，不同类型的区域与企业文化及制度环境是决定科技工业园成功与否的核心与关键（Saxenian，1999）。硅谷是由于文化因素而获得的成功，包括能力、公正，甚至人们预料的失败。硅谷的文化不仅给予成功者敬意，失败者也被社会所接受和宽容（Arun Rao & Piero Scaruffi，2013）。

20 世纪后期，以高技术园区为代表的、以地理接近为基础的地区性研究与所衍生的产业集群，已成为高新技术产业发展的主流（Giovanna Ceglie & Marco Dini，1999）。Kee – Bom Nahm（2001）依据科技园区所在地区的发展水平、园区的目标等将高技术园区分为六类：研究园区、科技/技术园区、高科技工业园区、仓储/物流园区、商务/总部园区、生态工业园区。Albert N. Link（2003）认为，随着时间的推移，科学园已发展成为所有具有注重生产高新技术，并为高新技术转让活动提供便利，使技术迅速地转化为生产力的园区的通用术语。

国内一些学者指出，我国目前正处于重要的战略机遇期，战略性新兴产业的初始集中和集聚是一种战略安排，国家高新区作为区域经济的增长极，承担着重要的历史使命，要成为培育和发展战略性新兴产业的核心载体（王德禄，2010；杜占元，2010）。发展战略性新兴产业的途径有很多，通过高新区发展战略性新兴产业无疑是其中的重要手段之一（徐充、姜宏，2011）。杨以文、黄永春（2012）认为，在战略性新兴产业发展的早期，新技术、新产品的开发和投资通常依赖于广泛的知识和相应的高素质人才，对较高的劳动力成本不敏感，因此通常适合于在功能较为多样化、现代化的城市中定位，寻求城市外部性。付卡佳、白津夫（2012）指出，以高新区为载体培育战略性新兴产业有利于促进优势最大化和成本最小化；有利于重点布局，防止重复建设；有利于利用创新资源，加速成果就地转化；有利于构建产业发展的体制机制。段小华、刘峰（2012）认为，国家自主创新示范区是国家高新技术开发区的引领区域，也是高新技术产业化的核心区域，集中了战略性新兴产业发展所需的人才、土地、设施和管理等诸多创新要素，是战略性新兴产业发展的重要载体。

中外学者虽然对战略性新兴产业发展的核心载体的研究表述不同，但较为一致的观点是：在智力资源较为集中的科技园区更有利于科技创新和高科技产业的发展。但学者们并未对自然形成的科技园区和政府规划而成的科技园区发展高科技产业是否具有相同的规律作出回答。

第二节 一个新的研究视角及其研究价值

本书基于复杂科学理论研究视角展开研究。被誉为"21 世纪的新科学"的复杂科学的思维模式是系统思维，其研究对象是复杂系统的形成和发展机制。复杂系统最本质的特征是其组成部分具有某种高度的智能，即具有自组织、自适应、自驱动的能力，这也是生物进化、技术革新、经济发展及社会进步的内在原因（John Henry Holland，1992；John N. Warfield ，1994；Benyamin M. Bergmann Lichtenstein，2000；成思危，2000；李景平、刘军海，2001；徐绪松，2003；宋学锋，2003）。

一般认为复杂科学是在 20 世纪 80 年代被提出来的，是系统科学发展的新阶段，也是当代科学发展的前沿之一，主要是研究复杂性和复杂系统的科学，属于交叉学科。1984 年，一批从事物理、经济、理论生物、计算机等学科的研究人员，在美国新墨西哥州组建了后来闻名全球的圣菲研究所（Santa Fe Institute，SFI），试图通过不同学科间的融合来解决复杂性问题。事实上，一些科学家在圣菲研究所成立前就已开始复杂系统的研究，较有代表性的是被称为系统科学新三论的耗散结构论、协同学和突变论。耗散结构论是比利时布鲁塞尔学派领导人 Ilya Prigogine 于 1969 年提出来的，他指出，一个远离平衡的开放系统（不管是力学的、物理的、化学的、生物的等），在外界条件变化达到某一特定阈值时，量变可能引起质变，系统通过不断地与外界交换能量和分子，会自动产生一种自组织现象，组成系统的各子系统会形成一种非线性相互作用，从而可能从原来的无序状态转变为一种时间、空间、功能的有序结构，这种结构被称为耗散结构。协同学的创始人是德国著名物理学家 Hermann Haken（1973），协同学偏重于从微观机制上去寻找系统从无序到有序演化的内在机制和规律性。Haken 认为，一个由大量子系统组成的系统，在外参量的驱动下，由于子系统的相互作用和协作，系统就会形成有一定功能的自组织结构。自组织是与组织相对应的概念，组织的过程是依靠系统外部信号而产生的，自组织的过程则是由系统内部子系统的协同作用而产生的。协同系统的状态由一组状态参量来描述。这些状态参量随时间变化的快慢程度是不同的。当系统逐渐接近于发生显著质变的临界点时，变化慢的状态参量的数目就会越来越少，有时甚至只有一个或少数几个。这些为数不多的慢变化参量就完全确定了系统的宏观行为并表征系统的有序化程度，故被称为序参量。那些为数众多的变化快的状态参量就由序参量支配，并可绝热地将它们消去。这一结论被称为支配原理，它是协同学的基本原理。突变理论是比利时科学家 Rene Thom（1972）创立的，突变理论是用拓扑学、奇点和稳定性数理论专门研究系统的各种结构与状态的非连续的突变，通过系统的势函数而把临界点分类，并且研究各种临界点附近的非连续现象的特征来考察系统的演化过程。

圣菲研究所成立后成为全球复杂科学研究的代表性机构，他们的研究范畴涉及物理、化学、生物、经济、生态环境、神经科学等领域。与此同时，各国学者运用复杂科学理论研究经济管理问题，得出了一些颇有新意的观点。Warfield（1990）出版了通过系统设计的方法管理复杂性的著作，提出了通过结构化系统分析处理在复杂环境下有效提高决策效果的系统方法。W. Brain Arther（1994）将经济学建立在生物学理论上，强调个体生命是分散和不同的，历史上的偶然事件、干扰和差异经非线性作用的放大成为驱动力量，因而经济系统没有绝对的均衡，永远处在重组、退化和发展中。经济系统的演化是“路径依赖”的，即技术演进或制度变迁均有类似于物理学中的惯性，一旦进入某一路径（无论是“好”还是“坏”）就可能对这种路径产生依赖。创新是已有的知识和组元重新组合而造成的突现现象。Ralph Douglas Stacey（1996）指出，组织是复杂的演化系统，在稳定、不稳定和混沌三种区域中运行，当运行于不稳定区域时，无论是长期还是短期，组织的行为都是不可预测的，但不稳定性会局限于一个有限边界内；当运行于稳定区域时，组织的短期行为是可以预测的；在混沌的边缘，组织行为是不可预期的。还有一些学者通过考察技术创新系统形成和从无序向有序演化的条件，揭示了技术创新演化的规律性（Royerio C. Calia，Fabio M. Guemini and Gilnei L. Moura，2007；Jochen Markard and Bemhard Truffer，2008；Anna Bergek，Staffan Jacobsson and Bo Carlsson，2008）。

国内一些学者运用复杂科学理论将经济系统看作是由资源配置系统和资源结点体系共同构成的，认为系统内各要素间的非线性作用决定了系统失稳的临界点和失稳后的分支途径，是系统从无序变化到有序变化的内部根据。产业系统是经济系统中的子系统，新产业能否分化产生，关键在于它自身对原有产业系统稳定性束缚力的突破（李宗诚，2004）。徐绪松（2010）基于复杂科学理论、管理学原理阐述了复杂科学在管理领域的应用。近十年来，一些学者基于复杂科学理论视角，对技术创新、产业升级、区域经济协调发展等方面的问题进行了有益探索，如参照生物学中的物种方程和量子力学中的激光光强演化方程构建了技术创新的自组织演化模型，揭示了技术创新从一种状态结构演变为另一种状态结构的自组织机制及过程，以及在演化的分叉点上，随机涨落力的决定性作用；阐述了企业技术创新涉及企业的经营战略、行业竞争环境、技术力量、品牌效应、营销渠道、产业分工等多种元素，存在着大量的非线性正负反馈作用，因此它是一种结构复杂、关系错综、目标功能多样的复杂非线性系统；基于 CSM 整合论视角对战略性新兴产业发展的国际经验与我国的对策进行了梳理；探索了产业集群共性技术创新的自组织过程，并构建了相应的自组织动力学模型，用以说明产业集群共性技术创新由共性技术合作研发到研发成果商业化竞争应用的自组织过程；解析了如何通过区域经济发展系统的自组织运转或者外部调控产生的涨落机制作用，使区域经济发展中的各要素相互联系、相互渗透、相互协调，实现区域之间及区域内部资源、要素与产业的合理分配与优化整合。

国内外学者运用复杂科学理论研究经济管理问题，以新的思维方式思考问题，综合运用不同学科知识，提出了一些新观点，少数学者甚至建构了完整的理论体系。但尚无基于复杂科学理论视角，从宏观和微观两个层面对战略性新兴产业跃迁演化机理的研究。本书尝试从这一视角，沿用复杂科学的研究范式，对自创区战略性新兴产业系统的环境对系统的输入变量进行分析，对系统复杂性特征进行论证，运用复杂科学理论对战略性新兴产业发展的条件和过程进行分析，在微观层面上从分析自创区战略性新兴产业系统微观组分入手，运用复杂科学的经典模型，研究系统组成要素的非线性作用、系统演化的动力机制，模拟系统的演化路径；在宏观层面上分析系统从新兴产业向先导产业、主导产业和支柱产业跃迁中，新的宏观结构的涌现生成以及演化结果的多样性，并借助热力学的唯象方法思想，从信息角度研究系统的有序度。以期科学揭示区域经济和产业发展的客观规律，丰富和发展具有中国特色的区域经济和产业发展理论，使政府能尊重区域经济和产业发展的客观规律，根据区域经济发展特点以及战略性新兴产业发展阶段、发展态势决定扶持政策的类别、时间以及力度，避免因政府“包打天下”而造成资源错配和资源浪费问题的出现。

[参考文献]

[1] Dosi, G.. Technological Paradigams and Technological Trajectories: A

Suggested Interpretation of the Determinants and Directions of Technical Changes [J]. Research Policy, 1982, 11 (2): 147 - 162.

[2] Anderson, P. & Tushman, L. M. . Technological Discontinuties and Domain Designs: A Cyclical Model of Technological Change [J]. Administrative Science Quarterly, 1990 (35): 604.

[3] Day, G. S. , Paul, J. H. Schoemaker & R. E. Gunther. Wharton on Managing Emerging Technologies [M] . Hoboken, New Jersey: John Wiley & Sons, Inc. , 2000.

[4] Romer, M. P. . Endogenous Technological Change [J]. Journal of Political Economy, 1990, 96 (10): 71 - 102.

[5] Porter, M. E. . Location Competition, and Economic Development Local Clusters in a Global Economy [J]. Economic Development Quarterly, 2000, 14 (1): 15 - 34.

[6] Utterback, J. M. & Abernathy, W. J. . A Dynamic Model of Process and Product Innovation [J]. Omega, 1975, 3 (6): 639 - 656.

[7] Gort, M. & Klepper, S. . Time Paths in the Diffusion of Product Innovations [J]. The Economic Journal, 1982, 92 (367): 630 - 653.

[8] Moore, G. A. . Dealing with Darwin: How Great Companies Innovate at Every Phase of Their Evolution [R] . Paperback, 2008.

[9] Nelson, R. R. . Institutions Supporting Technical Change in the United States [A] . G. Dosi, C. Freeman, R. Nelson, G. Silverberg & L. Soete. Technical Change and Economic Theory [C] . London: Pinter Publishers, 1988: 312 - 329.

[10] Tassey, G. . The Economics of R&D Policy [M] . New York: Praeger, 1997.

[11] Ketels, C. H. M.. Industrial Policy in the United States [J]. Journal of Industry, Competition and Trade, 2007, 7 (3): 147 – 167.

[12] Blinder, A. S.. Paying for Productivity—A Look at the Evidence [M]. Washington, D. C.: Brookings Institution Press, 2011.

[13] Spence, A. M.. The Next Convergence: The Future of Economic Growth in a Multispeed World [M]. New York: Farrar, Straus and Giroux, 2011.

[14] Bagnasco, A.. Tre Italie: La Problematica Territoriale Dello Sviluppo Italiano [M]. Bologna: Il Mulino, 1977.

[15] Piore, M. & Sabel, C.. The Second Industrial Divide [M]. Madrid: Alianza Universidad, 1984.

[16] Becattinni, G.. The Marshallian Industrial District as a Socio – economic Notion [A] //F. Pyke. In Industrial Districts and Inter – Firm Co – operation in Italy [C]. Geneva: International Studies for Labour Studies, 1990: 31 – 57.

[17] Castells, M. & Hall, C.. Technoles of the World: The Making of 21st – Century Industrial Complexes [M]. New York: Routledge, 1994.

[18] Saxenian, A.. Inside – Out: Regional Networks and Industrial Adaptation in Silicon Valley and Route 128 [J]. Journal of Policy Development and Research, 1996, 2 (2): 41 – 60.

[19] Garnsey, E.. The Genesis of the High Technology: A Study in Complexity [J]. International Journal of Regional and Urban Research, 1998 (22): 361 – 377.

[20] Ceglie, G. & M. Dini. SME Cluster and Network Development in Developing Countries [M]. Wilfried: UNIDO, 1999.

[21] Warfield, J. N.. A Science of Generic Design: Managing Complexity

through Systems Design [M]. Ames, IA: Iowa State Press, 1990.

[22] Arthur, W. B.. Increasing Returns and Path Dependence in the Economy [M]. Ann Arbor: University of Michigan Press, 1994.

[23] Nahm, K. B.. The Evolution of Science Parks and Metropolitan Development [J]. International Journal of Urban Sciences, 2001, 4 (1): 81-95.

[24] Link, A. N.. On the Growth of U. S. Science Parks [J]. Journal of Technology Transfer, 2003 (8): 81-85.

[25] [美] 萨克森宁. 地区优势——硅谷和128公路地区的文化与竞争 [M]. 曹蓬，杨宇光等译. 上海：上海远东出版社，2000.

[26] [美] 拉奥，[美] 斯加鲁菲. 硅谷百年史 [M]. 闫景立，侯爱华译. 北京：人民邮电出版社，2014.

[27] [美] 熊彼特. 经济发展理论 [M]. 孔伟艳等译. 北京：北京出版社，2008.

[28] [美] 波特. 国家竞争优势 [M]. 李明轩，邱如美译. 北京：华夏出版社，2002.

[29] 国务院. 国务院关于加快培育和发展战略性新兴产业的决定[Z]. 国发〔2010〕32号，2010-10-10.

[30] 李金华. 中国战略性新兴产业发展的若干思辨[J]. 财经问题研究，2011，330 (5): 3-10.

[31] 李晓华，吕铁. 战略性新兴产业的特征与政策导向研究[J]. 宏观经济研究，2010 (9): 20-26.

[32] 朱瑞博，刘芸. 战略性新兴产业机制培育条件下的政府定位找寻[J]. 改革，2011，208 (6): 84-92.

[33] 胡昱. 战略性新兴产业与传统产业的创新比较分析[J]. 中共中央党校学报，2012，16 (3): 70-73.

［34］史忠良，何维达等．产业兴衰与转化规律［M］．北京：经济管理出版社，2004.

［35］费钟琳，魏巍．扶持战略性新兴产业的政府政策[J].科技进步与对策，2013（3）：104－107.

［36］朱瑞博，刘芸．战略性新兴产业的培育及其自主创新[J].重庆社会科学，2011（2）：45－53.

［37］段小华．战略性新兴产业的投入方式、组织形式与政策手段[J].改革，2011（2）：89－94.

［38］陈柳钦．战略性新兴产业自主创新问题研究[J].新疆社会科学，2011（3）：23－29.

［39］剧锦文．战略性新兴产业的发展“变量”：政府与市场分工[J].改革，2011（3）：31－37.

［40］霍国庆，李天琪，张晓东．战略性新兴产业信息资源保障体系建设[J].重庆社会科学，2012（6）：79－85.

［41］杨以文，黄永春．战略性新兴产业的赶超问题研究[J].生产力研究，2012（2）：166－167.

［42］王德禄．对美国硅谷模式的新认识［N］．中国高新技术产业导报，2010－01－18（A03）．

［43］杜占元．为科技人才创新创业营造更加良好的环境[J].科技创业家，2010（10）：1.

［44］徐充，姜宏．通过高新区发展战略性新兴产业的思考[J].经济纵横，2011（5）：32－35.

［45］段小华，刘峰．战略部署、产业调整与自主创新示范区的政策选择[J].重庆社会科学，2012（5）：82－87.

［46］成思危．复杂科学与组织管理[J].科学，2001，53（1）：6－9.

[47] 宋学锋．复杂性、复杂系统与复杂性科学[J]. 中国科学基金，2003（5）：262－269.

[48] 宋学锋．复杂性科学研究现状与展望[J]. 复杂系统与复杂性科学，2005（1）：10－17.

[49] 徐绪松．复杂科学管理［M］．北京：科学出版社，2010.

[50] 蒋珩．基于自组织理论的战略性新兴产业系统的演化：不确定性和跃迁[J]. 科学学与科学技术管理，2014（1）：126－131.

第二章　中外战略性新兴产业发展实践比较

第一节　发展重点比较

主要发达国家在 21 世纪初纷纷通过重大专项、规划、行动计划的实施来支持本国或地区选择的重点方向予以优先发展。如美国于 2009 年 9 月颁布的《美国创新战略：促进可持续增长和提供优良的工作机会》报告中，提出要发动清洁能源革命、支持先进汽车技术、推动健康技术创新。同年 12 月，美国总统执行办公室公布的《重整美国制造业框架》提出，制造业是美国经济的核心。要优先支持经济社会发展急需的高技术清洁能源产业，大力发展资本密集和高生产率的生物工程产业，保持航空产业的领导地位，振兴钢铁和汽车工业（重点是电动汽车），积极培育纳米技术产业。为进一步明确未来一段时期本国产业发展和科技进步的主攻方向，美国陆续推出了人类基金组计划、信息高速公路计划、国家纳米技术计划、生物反恐计划、氢能经济计划、未来发电计划、碳收存计划、国家生物燃料计划、生物质能计划、工业材料计划、建筑材料计划和物联网行动计划。

欧盟及其成员国是现代文明与现代科技的发源地。近年来，在创新型联盟旗舰计划框架下，欧委会推出一系列科研与创新融合和创新驱动经济社会发展的政策措施或行动计划。“欧洲2020”战略确定了七大社会挑战：卫生健康、农业、海洋与生物经济；能源安全；智能交通；气变行动、环境保护、资源有效利用与原材料；反思性社会；社会稳定与安全。在其推出的“地平线2020”计划中重点支持信息技术、纳米技术、材料、生物技术、制造技术、空间技术，确保欧盟工业技术领先。

英国制定了“制造业战略”，提出要重点发展超低碳汽车、生命科学和医药及尖端制造业。2009年6月颁布的《构筑英国的未来》提出，要为未来投资，从现在起，就要着手建设“明天的经济”，要以建设世界级的现代化基础设施为支撑，大力发展低碳经济、生物产业、生命科学、数字经济、先进制造和金融服务业。英国还推出了国家宽带战略，数字英国计划。

日本于2009年4月推出了新增长战略，重点发展环保型汽车、电力汽车、医疗与护理、文化旅游和太阳能发电等产业。内阁政府又于同年12月制定了《面向光辉日本的新成长战略》，提出要充分发挥日本的优势，发展环境与能源、健康（包括医疗、护理、医药）两大产业。日本内阁和环境省还先后公布了《建设低碳社会的行动计划》和《绿色经济与社会变革》政策草案，出台了纳米材料计划、超级钢铁材料开发计划、国家宽带计划、数字日本创新计划。

韩国在《新增长动力规划及发展战略》中提出，重点发展能源与环境、新一代运输装备、新兴信息技术产业、生物产业、产业融合、知识服务六大产业及太阳能电池、海洋生物燃料、绿色汽车等22个重点方向。

美、欧、英、日、韩新兴产业重点发展方向如表2－1所示。

表 2-1 美、欧、英、日、韩新兴产业重点发展方向一览

	美国	欧盟	英国	日本	韩国
节能环保	节能减排，环境风险评估和监测技术	节能减排	建筑节能，碳减排	低碳素，可循环再利用	环境与能源
新一代信息技术	下一代通信网络，物联网，平板显示，云计算	下一代通信网络，物联网，新型平板显示，高性能集成电路政策，云计算	国家宽带战略，数字英国计划	国家宽带计划，数字日本创新计划	宽带融合网络，物联网，平板显示，集成电路，云计算
生物	生物工程，人类基因组计划，生物反恐计划	生物制药与健康，农业生产与食品安全，生物炼制，生物质能源，生物酶，生化品，生物塑料	生命科学和医药	生物农业，生物医药，食品，生物化工，海洋和生物环保	生物制药，生物医疗
高端装备制造	航空产业	智能交通	尖端制造业		新一代运输装备
新能源	清洁能源，氢能经济计划，未来发电计划，国家生物燃料计划，生物质能计划，智能电网	可再生能源，能源安全	可再生能源，能源安全	太阳能发电，生物质能	太阳能电池，海洋生物燃料
新能源汽车	先进汽车技术，电动汽车		超低碳汽车	环保型汽车，电力汽车	绿色汽车
新材料	国家纳米技术计划，工业材料计划	纳米材料		纳米材料	
现代服务业			金融服务业		知识服务

中国政府于2012年7月正式发布实施《"十二五"国家战略性新兴产业发展规划》，规划中明确了"十二五"期间我国经济社会发展的主要内容和基本原则，提出了节能环保、新一代信息技术、生物、高端装备制造、新能源、新材料、新能源汽车七大战略性新兴产业的重点发展方向和主要任务。在节能环保产业方面，重点发展节能产业、环保产业和资源循环利用产业三个重点方向；在新一代信息技术产业方面，2015年7月和8月国务院发布了《关于积极推进"互联网+"行动的指导意见》及《促进大数据发展的行动纲要》等文件，推动移动互联网及其大数据产业的发展，"十二五"期间工信部出台了《信息安全产业"十二五"发展规划》，大力促进网络空间安全产业的发展；在生物产业方面，围绕生物医药、生物医学工程与生命健康服务、生物制造、生物农业、生物能源、生物环保等产业加速发展；在高端装备制造产业方面，轨道交通装备产业和卫星及应用产业为重点方向，2015年工信部发布了《2015年智能制造试点示范专项行动实施方案》，分类开展了流程制造、离散制造、智能装备和产品、智能制造新业态新模式、智能化管理和智能服务共六个方面试点示范；在新能源产业方面，主要推进煤炭清洁高效转化与利用产业、非常规油气开发利用产业、核能产业、智能电网与分布式能源产业和以太阳能、风能、生物质能、地热能为主的可再生能源产业；在新能源汽车产业方面，2015年5月8日，国务院发布《中国制造2025》，将"节能与新能源汽车"作为十大发展重点之一，通过发展新能源汽车，使我国从汽车大国走向汽车强国；在新材料产业方面，2015年5月公布的《中国制造2025》提出以特种金属功能材料、高性能结构材料、功能性高分子材料、特种无机非金属材料和先进复合材料为发展重点。我国战略性新兴产业重点发展方向如表2－2所示。

表2－2　我国战略性新兴产业重点发展方向一览

产业类别	重点发展方向
节能环保产业	高效节能，先进环保，资源循环利用
新一代信息技术产业	移动互联网及其大数据，集成电路，网络空间安全
生物产业	康复，生物制品制造，生物医学工程，生物农业，生物能源
高端装备制造产业	轨道交通装备，航空航天装备，智能制造装备
新能源产业	煤炭清洁高效转化与利用，非常规油气开发利用，核能，智能电网与分布式能源，可再生能源
新能源汽车产业	新能源汽车整车制造，新能源汽车零部件制造
新材料产业	新型功能材料，先进结构材料，高性能复合材料

进入“十三五”时期后，政府又明确提出在“十三五”以及更长一段时期内，坚持创新发展、绿色发展、协调发展、开放发展、共享发展五大发展理念，将现有的战略性新兴产业涵盖的七大领域24个重点方向进行了有机地合并、调整和增补，从大的范围和领域将“十三五”时期的战略性新兴产业划分为网络经济、生物经济、高端制造（包括高端装备制造与新材料）、绿色低碳（包括新能源、新能源汽车、节能环保）、数字创意五大领域及其八大产业。

从表2－1和表2－2中可以看到，各国在确定本国重点扶持发展的新兴产业时，虽各有侧重，但都将节能环保、新一代信息技术、生物、新能源、新材料等产业列入其中，从中我们也可以窥见全球战略性新兴产业发展的大方向以及全球分布特点。总之，战略性新兴产业正在成为全球创新的“主赛场”，成为各主要国家抢占新一轮科技和经济发展制高点的必争之地。

第二节　发展措施和手段比较

从近十多年来世界主要发达国家培育和发展战略性新兴产业的措施和手段来看，各国一方面加大直接投入资金力度支持本国和本地区重点领域的研发和产业化，另一方面通过财税政策、试点示范措施，培育新兴产业市场并营造良好的市场竞争环境（姜江，2010，2011）。如美国出台了《能源政策和节能法案》、《太阳能供暖降温房屋的建筑条例》和《节约能源房屋建筑法规》等相关法律法规，推动节能环保产业的发展。在《重整美国制造业框架》中，详细罗列了计划增加的对新技术研发和产业化投入金额，包括以加强基础性和前沿性技术研究为目标，将重要科研机构的 R&D 预算提高 1 倍；将用于技术创新的财政预算从 2009 年的 6000 万美元提高到 2015 年的 1 亿美元；将制造业联盟伙伴计划（Manufacturing Extension Partnership，MEP）专项资金提高 1 倍，即财政预算从 2008 年的 9000 万美元提高到 2015 年的 18 亿美元。对于重点领域的资金支持更加集中、明确，包括为推动先进交通基础设施的建设，专门安排 20 亿美元资金支持 30 家电动汽车制造相关企业；在《复兴法案》中，拨款 45 亿美元专项支持智能电网发展；为推进互联网普及，《复兴法案》中提供 72 亿美元支持宽带扩展，此外，在 2010 年财政预算计划中还提供 13 亿美元贷款用于宽带扩容和信息服务；在《奥巴马—拜登新能源计划》中提出，今后 10 年内将投资 1500 亿美元，重点发展混合动力型汽车、下一代生物燃料、洁净煤技术等新能源产业。在培育新兴市场方面，为推广节能环保产品，美国对达到“能源之星”标准的每台节能洗衣机补贴 75 美元，电冰箱补贴 75 ~ 125 美元；为推动节能汽车的使用，很多州和城市出台各种形式的政策，如俄勒冈州规定，购买混合动力和电动汽车可以抵税1500美元，加州圣何塞市规定，在本市购买的混合动力或电动汽车可以在当地免费停车。

欧盟国家投资1050亿欧元用于“绿色经济”发展，为经济增长带来新动力。如法国政府宣布建立200亿欧元的“战略投资基金”，主要用于对能源、汽车、航空和防务等战略企业的投资与入股。德国出台了一系列经济激励政策，如德国信贷机构推出了“二氧化碳减排项目”和“二氧化碳建筑改建项目”，对节能项目提供低息贷款。此外，中小企业在投资节能领域也享受政府的特别贷款。德国政府还批准了总额为5亿欧元的电动汽车研发计划预算，支持包括奔驰公司在内的三家研究伙伴，2011年实现了锂电池的产业化生产，推动电动汽车产业发展。

英国政府设立了5000万英镑（约合9000万美元）的开发海洋可再生能源专项资金，出台了《建筑法规》、《建筑能效法规》、《建筑材料法规》和《零碳建筑标准》等法律法规和标准规范。

日本政府制定了《节能法》、《建筑材料再生利用法》、《地球温暖化对策推进法》及《促进住宅品质保证法》，实施了严格的建筑节能计划书制度、能源服务公司低息贷款制度等，为建筑节能产业的发展提供了良好的政策环境。日本十年前就开始实施电动汽车共用系统试点示范项目，目前已在横滨市、大阪市、京都市等地区进行电动车租赁，共同利用系统区域试验，建立了探索未来城市交通和电动汽车商业化道路的试验机制。

韩国发布的国家信息化发展愿景与策略《国家信息化基本计划》中，对主力产业的ICT（信息通信技术）应用投入预算从706亿韩元提高到1万亿韩元。

我国政府采取了多种措施和手段培育和发展战略性新兴产业，一是制定和实施了多项重要法规和政策，加快体制机制创新，为战略性新兴产业健康发展提供制度保障（邹洪萍，2011）。如在节能环保产业领域，出台了《中华人民共和国节约能源法》、《中华人民共和国循环经济促进法》、《民用建筑节能条例》和《关于加强国家机关办公建筑和大型公共建筑节能管理工作的实施意见》，同时，河北、山西等13个省、市及自治区制定了专门的建筑节能地方法规，11个省、市及自治区制定了节约能源及墙体材料革新方面的地方法规，27个省、市及自治区出台了建筑节能相关政府令；在新一代信息技术产业领域，国务院办公厅印发了《三网融合推广方案》，加快在全国全面推动信息网络基础设施互联互通和资源共享；在生物产业领域，通过制定实施有关医药流通体制及药价改革方案，推进创新药物和高端医疗器械审批等环节的机制改革，加快解决注册申请积压现象，支持提高仿制药质量和鼓励研究创制新药；在高端装备制造产业领域，国务院办公厅印发《国务院办公厅关于促进通用航空业发展的指导意见》，提出扩大低空空域开放，突破产业增长瓶颈，进一步促进通用航空业发展；在新能源产业领域，出台了《中华人民共和国可再生能源法》，并陆续印发了关于进一步深化电力体制改革的重要文件。随着政府对分布式能源系统的重视度逐日增加，出台了许多利于分布式能源系统发展的制度和政策；在新材料产业领域，国家正在逐步制定和完善新材料产品推广应用方面相应的标准体系，建立产品、装备检验检测公共技术平台；在新能源汽车产业领域，出台了《混合动力电动汽车类型》行业标准。

二是加强宏观规划引导，建设战略性新兴产业示范基地。各地地方政府均在本地高新区高科技产业发展的基础上规划发展战略性新兴产业，并根据战略性新兴产业的整体发展需要，结合区域经济发展，依托现有优势产业聚集区，建设一批创业环境好、产业链完善、辐射带动强、特色鲜明、具有国际竞争力的战略性新兴产业基地，培育战略性新兴产业发展的引擎和载体。国家自主创新示范区已成为战略性新兴产业发展的最重要的载体（陈柳钦，

2011）。在节能环保产业方面，“十二五”期间已建设国家级节能环保产业化基地19个，国家火炬计划认定的节能环保特色产业基地11个，分布在18个省份；在新一代信息技术产业方面，已经形成了以环渤海湾地区、长江三角洲地区、珠江三角洲地区及中西部地区为代表的产业基地；在生物产业方面，已在12个省份建立了生物高科技产业基地、生物医药基地、生物农业园；在高端装备制造产业领域，产业基地主要建在西安高新区、上海张江、辽宁沈大、山东半岛等国家自创区（钟永恒，2014）；在新能源产业方面，产业集聚区主要以环渤海、长江三角洲、西南、西北等地区为核心，其中环渤海地区建有新能源产业基地22个，长江三角洲地区13个，中西部地区27个；在新材料产业方面，在26个省份建有国家级新材料产业化基地66个，国家火炬计划认定的新材料特色产业基地56个；在新能源汽车产业方面，产业基地主要建在北京、株洲、重庆、芜湖、天津、上海等地。

三是加强财税政策和金融支持。如在节能环保产业的发展上，中央财政和地方财政大力安排补助资金，用于支持北方采暖地区既有居住建筑供热计量及节能改造、公共建筑节能监管体系建设、可再生能源建筑应用工作。在《国家机关办公建筑和大型公共建筑节能专项资金管理暂行办法》出台后，江苏、山东、陕西、湖北、河南、宁夏、内蒙古、浙江等地区设立专项资金或通过减免税费来支持可再生能源建筑应用。2012年出台了《废弃电器电子产品处理基金征收使用管理办法》，截至2015年年中，四批共106家企业已先后进入废弃电器电子产业处理基金补贴企业名单，而随着《废弃电器电子产品处理目录（2014年版）》的实施，纳入基金补贴范围的产品由过去的5种扩充到14种。2015年新出台的《资源综合利用产品和劳务增值税优惠目录》，主要针对资源利用企业开展优惠措施。在新一代信息技术产业的发展上，2014年6月工信部发布了《国家集成电路产业发展推进纲要》，并成立了国家集成电路产业投资基金。在生物产业发展上，国家在生物医药方面从整个产业的各个领域进行政策的配套和资源资金的支持，来促进生物制药产业化的跨越式发展。在卫星导航产业的发展上，我国先后出台了一系列推动和规范卫星导航产业健康发展的政策措施，支持自主卫星导航定位系统建设，大力推动以北斗卫星导航系统为核心的卫星导航应用产业化发展，重视导航定位服务与地理信息服务等相关领域的融合发展，鼓励社会资本参与卫星导航地面应用系统建设。在新能源产业发展方面，科技部在“863”及攻关计划中分别对酶的开发、超临界反应技术、隔油池垃圾生产生物柴油方面给予了支持。国家自然科学基金委员会资助的项目包括基因修饰含油树木种子、新型催化剂的开发等（冀星等，2008）。2014 年，国家发改委下发《国家发展改革委关于适当调整陆上风电标杆上网电价的通知》（发改价格〔2014〕3008 号），决定将第Ⅰ类、第Ⅱ类和第Ⅲ类资源区风电标杆上网电价每千瓦时降低 0.02 元。2014 年 9 月 2 日，国家能源局下发《国家能源局关于进一步落实分布式光伏发电有关政策的通知》（国能新能〔2014〕406 号），要求加强分布式光伏发电应用规划工作，建立简便高效规范的项目备案管理工作机制，完善分布式光伏发电的电费结算和补贴拨付等。在新能源汽车产业方面，截至 2015 年 7 月，国家出台八项重大政策，从税费减免、购置补贴、研发支持、生产准入及规范等多个方面保障新能源汽车产业健康快速发展（石震，2014）。在新材料产业发展方面，我国从“十五”时期开始，科技部就通过“973 计划”“863 计划”和“科技支撑计划”三大计划持续对氢能与燃料电池领域进行支持。“十一五”期间国家新材料技术领域“863”项目开发“5kW 级燃料电池关键材料和系统集成技术开发”重点项目，项目经费为 1800 万元。

总之，各国对战略性新兴产业发展的扶持措施和手段虽然具体表现形式不同，不同产业的强度不同，但不外乎是法律法规引导、直接资金投入、财税优惠政策、试点示范措施等几种。我国各级政府对战略性新兴产业的培育和发展表现出了空前高涨的热情和高度的重视，政府的扶持政策和措施的种类和力度堪与发达国家媲美，有些方面甚至超过发达国家。

第三节　发展动态比较

发达国家的高度重视极大加速了新兴领域若干重大技术的更迭演进和产业化进程，世界战略性新兴产业呈现快速增长的态势，国际产业分工格局正在加快调整。

一、节能环保产业

在节能环保产业方面，目前，美国在建筑中开发新能源、材料再生利用的技术居于世界领先地位，绿色建材产业和节能建筑装备产业，均居于世界前列，其中美国绿色建筑产值占全球的30%。此外，美国的再生资源产业已成为最大的支柱产业；欧洲各国的被动式太阳房技术已被广泛应用。近年来，德国的太阳能利用技术、住宅节能技术的研究与应用一直保持世界领先水平。日本充分结合当地的自然资源和气候条件，广泛应用技术成熟的太阳能光伏发电、太阳能建筑一体化、屋面绿化等技术，最大限度地实现建筑节能。2012 年在建筑节能装备领域，日本产值约占全球的25%；丹麦、芬兰、瑞典等北欧国家和地区采暖方式世界领先，以热电联采暖方式为主。

自 20 世纪 70 年代以来，美国、德国、日本、以色列、芬兰、加拿大、澳大利亚等国家的环保技术一直处在世界领先地位。在美国，环保产业已经成为其经济发展的一个支柱产业（辜胜阻、王平和董丹红，2000）。欧盟、日本等国家和地区在再生资源产业方面的发展也一直处于世界领先水平，已经建立起比较成熟的废旧物资回收网络和交易市场（王爱兰，2006）。

近年来，我国在节能技术和节能产品方面，在江苏、安徽、山东、浙江、宁夏、海南、湖北、深圳等地区全面强制推广太阳能热水系统。我国目前已是太阳能热水器、太阳能光伏产品最大的生产国，太阳能热水器的安装面积居于世界首位。资源循环利用产业的各项产品和技术与国际先进水平的差距不断缩小，“863”计划项目典型尾矿资源清洁高效利用技术及装备研究与示范取得了多项技术突破，高压立磨等部分大型成套设备制造实现国产化，并达到国际先进水平（国家发展改革委员会，2014）。

我国节能环保产业虽已普遍受到高度重视，但仍存在产业链低端化，高端技术与产品自主创新能力和自给率不足，系统的、相互配套的管理制度不健全，缺乏相应的市场准入制度及奖励和惩罚措施等问题，如室内新风系统、热量回收系统、中央吸尘系统等高效节能产品大多数还处于仿制水平；针对全社会高污染、高耗能企业的激励和约束政策不完善，企业节能减排动力不足，导致作为生产性服务的环保产业市场有效需求不足。

二、新一代信息技术产业

新一代信息技术产业无疑已成为最具技术变革性的领域。不断涌现的新技术、新产品、新服务、新模式甚至新理念不但从技术内部构建了一体化的创新生态链，还迅速渗透至人类智力和产业发展的各个领域，并正在引发新一轮的变革式浪潮。目前美国的移动互联网及其应用已成为最活跃的创新领域和驱动信息和通信技术（Information and Communication Technology，ICT）产业的最强力量，这不仅表现为移动设备、移动互联网上网人数及移动互联网流量的持续高速增长，其更重要的贡献在于移动互联网所衍生的创新技术发展模式对 ICT 产业核心技术平台/体系的颠覆、互联网应用服务体系与商业模式的重建及以开放和开源为主流的发展模式，正在推动产业形成纵向整合的生态系统。而集成电路、大数据技术及其应用、可穿戴设备依托于移动互联网的高渗透、智能化等特点，不断向人类智力和各个产业领域蔓延。集成电路芯片技术向不断缩小的方向继续发展，大数据产业正在向以数据生产、流通和利用为核心的各个产业渗透（EPIA，2014）。在传感网和 RFID 方面，美国是传感网技术的发源地，在全球市场处于领先地位，全球主要的 RFID 企业也集中在美国。日本是电子元件产业强国，2010 年日本企业被动元件（包括电阻、电容、电感）产值占据全球 60% 左右的份额，特别是在高端元件领域更具有突出的优势，日本企业在全球晶片电感、固态电容、陶瓷电容等高端元件的产值所占份额都在 50% 以上。

我国由于人口基数大、市场规模优势明显，移动互联网市场保持快速增长，已经处于世界领先水平，移动互联网及其所衍生出来的互联网金融、交通旅行、在线教育等应用服务，已经成为推动我国新常态下经济增长的生力军，艾瑞咨询数据显示，2014 年中国移动互联网市场规模为 2134. 8 亿元，突破千亿元大关，同比增长 115. 5%。在网络建设方面，我国自主研发的 TD – LTE 4G 在国内基站建设中占有明显优势，截至 2015 年 6 月底，中国建成 4G 基站 134 万座，其中 TD – LTE 基站占比超过 70%。中国设备制造厂商已经成为全球 4G 设备主流供应商。随着 4G 的商用和成熟，全球无线网络的技术重心逐步转移到 5G，我国自主创新引领 5G 技术创新。

总之，新一代信息技术产业在我国发展势头良好，但核心技术能力仍处于追踪研发向创新引领转化的演进阶段，在集成电路、光电、高性能计算等领域与发达国家差距较大，产业基础平台长期受制于人，市场体制机制欠完善。

三、生物产业

在生物产业发展方面，目前生物产业正处于产业生命周期中的迅速成长阶段，全球生物产业进入加速发展的新时期，对解决人类健康、资源、环境，以及农业、工业等关乎人类社会的重大问题将产生深刻影响。其中，康复产业以改善和促进人的功能、维护和提升人的健康状态为目标，在巨大的残疾人基数和人口老龄化趋势日益加速的环境下，康复服务行业得到世界卫生组织和各国政府的重视。美国、加拿大、澳大利亚康复医学理论研究和应用技术研究均较成熟，有一套完整的康复医疗结构体系，在欧洲则以福利模式的康复医疗服务为特征，提供全民普及的康复医疗服务（励建安、陈立典，2013）。美国的生物医药产业无论是在技术创新能力上还是在生产能力与市场份额等方面都走在世界的前列，日本在生物技术的开发上仅次于美国。

我国生物产业在“十二五”期间生物影像技术的研究与开发、高强度超声聚焦治疗系统、高端医疗诊断服务等新方向发展较快，但与发达国家相比仍存在较大差距，滞后的一个重要原因就是缺乏配套工艺的工业化放大技术和相应的以生物反应器为核心装备的技术支撑系统（孙杨等，2016）。在生命健康服务方面，以华大基因研究院、北京基因研究所、国家人类基因组南方研究中心、上海生物芯片工程中心等为代表的基因组研究开发基地建立了先进的基因组测序平台，基因测序能力已进入世界前列。我国的区域康复产业发展缺乏统筹规划，康复服务规范尚未建立，运行机制尚在探讨中，康复相关人才（如康复医师、治疗师、护理、社会工作者、心理康复师等）不足等，严重影响了康复产业的发展速度（姜从玉，2010）。

四、高端装备制造业

在高端装备制造业发展方面，从20世纪中期开始，为进一步发挥轨道交通节能环保、安全舒适和快速便捷等优势，加强轨道交通在综合交通运输体系中的地位与作用，以美国、德国、法国、日本、加拿大和澳大利亚等为代表的铁路发达国家，充分利用高新技术发展成果，积极开展新型轨道交通技术的研究与应用，大力加强高速动车组、30吨及以上轴重机车车辆、城际动车组和现代有轨电车等各类先进轨道交通装备的研发，奠定了各自在轨道交通装备制造中的工业强国地位。

进入21世纪以来，全球范围卫星及应用产业发展非常迅猛，保持持续快速增长态势。美国卫星产业协会（The Satellite Industry Association，SIA）在2015年发布的卫星产业报告显示，2014年全球卫星产业的收入为2030亿美元，比2013年增长4%，高于全球经济平均增速2.6%。在卫星导航方面，全球卫星导航系统（Global Navigation Satellite System，GNSS）的发展进入以美国的“全球定位导航系统”（GPS）、俄罗斯的“格洛纳斯”（GLONASS）、欧洲的“伽利略”（Galileo）和中国的“北斗”（BDS）四大系统为主、涵盖区域及增强卫星导航系统的多系统并存的时代，与其他信息系统间的相互渗透、集成、融合成为大趋势。

我国从21世纪初开始，加快高速铁路、重载铁路、城际铁路和城轨交通适用的先进装备研发，不断缩小与国际领先企业之间的技术差距，已逐步跻身世界轨道交通高端装备制造大国行列。但轨道交通装备企业目前专长于产品开发应用，基础性研发不足，导致我国轨道交通装备行业在科技储备、设计仿真、分析计算和试验验证等方面的原始创新能力未能达到国际先进水平（陈潮昇，2014），大型装备关键核心部件、控制技术严重依赖进口。

我国卫星及应用产业坚持自主创新，取得了一系列重要成就，通信、导航和遥感卫星的发展成绩卓著，具备了独立建设空间基础设施的能力和连续稳定运行的能力。通信卫星方面，我国已经形成的业务涉及固定、中继和直播，覆盖S、C、Ku、Ka等不同频段的通信卫星系列，成为国际上少数几个能够独立研制大容量通信卫星的国家。当前，我国虽然卫星种类丰富，且在轨卫星数量居世界第二位，但卫星及应用产业在拉动经济社会发展等方面尚未充分发挥出其应有的战略带动价值，与发达国家仍有一定的差距（中国工程科技发展战略研究院，2016）。

五、新能源产业

在新能源产业发展方面，截至2015年5月，全球在役核电机组共有438台，核电装机容量为3.79亿千瓦。在役核电装机中，近1/2在欧洲、1/3在北美、1/4在亚洲，南美洲和非洲仅有6台在役核电机组；全球共有67台核电机组正在建设，近2/3在亚洲（共有43台，中国有24台）、近1/3在欧洲和美洲（24台），核电装机容量为0.65亿千瓦，相当于在役核电装机容量的17%（IAEA，2015）。

风力发电是通过风力发电机组将风能转换为电能的发电方式，是目前风能利用的主要途径。作为一种清洁低碳的可再生能源，风电已在世界80多个国家得到积极发展，预计未来10年风电将继续保持快速发展。德国早在1998年就已成为世界第一风电大国；丹麦可再生能源发电占比世界第一，成为全球新能源行业发展的标杆国家。

太阳能发电包括光伏发电和光热发电（也称太阳能热发电）两种形式，光伏行业是利用光伏效应将太阳能直接转换成电能的装备制造业，世界光伏产量排名靠前的依次是西班牙、德国、美国、韩国。全球太阳热能发电的主要市场是西班牙、美国，2014年已建成项目量占全球光热发电累计装机容量的90.4%。

近年来，我国核能产业创新不断加强，在安全、科技、装备、运营、厂址、后处理及废物处置等方面已具备规模化发展条件，是我国有实力在世界上获得核心竞争力的高新技术领域，也是契合“一带一路”倡议、“中国制造2025”、国际产能合作和“走出去”战略实施的重要领军行业之一。根据我国核能行业协会的统计，截至2014年，我国投入商业运行的核电机组共达22台，核电装机容量为20305.58兆瓦，约占全国电力总装机容量的1.49%。2014年全国累计核能发电量为54638.0亿千瓦时，22台商业运行核电机组累计发电量为1305.8亿千瓦时，约占全国总发电量的2.39%。与燃煤发电相比，核能发电相当于减少燃烧标准煤4191.62万吨。

在可再生能源产业方面，我国水电、风力发电、太阳能光伏发电累计装机均已位居世界第一。风电产业已进入规模化稳定发展的阶段，2014年，风电产业继续保持强劲增长势头，累计并网装机容量达到9581万千瓦，占全国发电装机容量的7.0%，占世界风电装机容量的31%；太阳能光伏产业整体呈现稳中向好、有序发展的局面，2014年全国新增太阳能并网容量为1060万千瓦，连续两年居世界首位。太阳能发电累计并网容量达到2805万千瓦，位居世界第二；太阳能光热发电产业尚处于商业化应用前期阶段，截至2014年底，我国已经初步具备年供货能力达800兆瓦的太阳能热发电关键设备的全产业链生产制造能力，且国产化率在90%以上。但我国大型风机的设计能力和关键部件的制造技术较弱，核心部件仍要靠进口。由于风电的不稳定性，需要稳定的电源与其配套，有些地区缺少配套稳定电源，电网建设也跟不上，设备利用效率低。光伏产业在诸多方面一直享受着政府的政策扶持，出现了该产业对政府的依赖现象。

六、新能源汽车产业

在新能源汽车产业发展方面，近年来，在全球电动汽车发展较好的主要国家中，美国依旧处于主导地位，中国进步最大位居其次，挪威、日本、法国、德国和英国紧随。2014 年这七国的电动汽车销量较 2013 年同期大幅增长 50%左右。

近年来，我国新能源汽车产业发展迅速，从国内产销来看，2015 年 1 ~6 月中国新能源汽车生产 76223 辆，销售 72711 辆，同比分别增长 2.5 倍和 2.4 倍，销量超过美国，成为全球新能源汽车第一大市场。但我国新能源汽车仍然存在基础前沿技术积累相对薄弱、传统基础工业支撑力不强、新能源汽车标准体系不完善等问题。

七、新材料产业

新材料产业在新一轮科技革命和产业变革中扮演着重要角色，第五代铝合金材料已应用在航空航天中，合金制品在空客 A380 和波音 B787 等大型客机、F22 和 F35 等先进战斗机，以及先进航天飞行器上得到了大量的应用；国际上太阳能电池用多晶硅材料的生产仍以美、德、韩三国为主，在政府政策鼓励和大量财政援助下，依靠自备电厂或优惠电价条件，大量扩产并大幅倾销中国；美国、日本、韩国、欧盟等对于燃料电池材料方面的研究处于世界领先地位，市场主要集中在北美、亚洲、欧洲（屠海令，2014）。

随着国民经济的持续增长及战略性新兴产业的快速发展，我国对新材料的需求急剧增加，新材料产业迎来了发展的黄金期，2014 年我国新材料产业规模约达到 1.5 万亿元。但我国开展的攻关研究多为跟踪研究性质，自主知识产权的创新性研究工作较为缺乏，在最新一代航空航天用高性能铝合金材料研究开发方面与欧美等发达国家和地区仍存在较大差距，高性能材料仍然严重依赖进口。我国历年战略性新兴产业总收入和利润如图 2－1 所示。2013 年、2014 年、2015 年第一季度战略性新兴产业上市公司营业收入增速对比如图 2－2 所示。

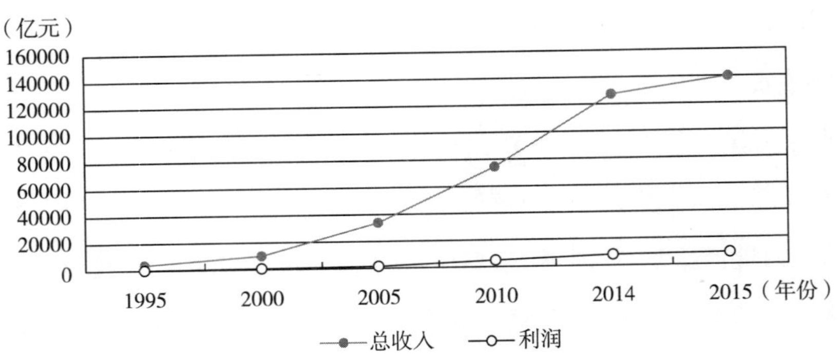

图 2－1　我国历年战略性新兴产业总收入、利润

资料来源：国家信息中心。

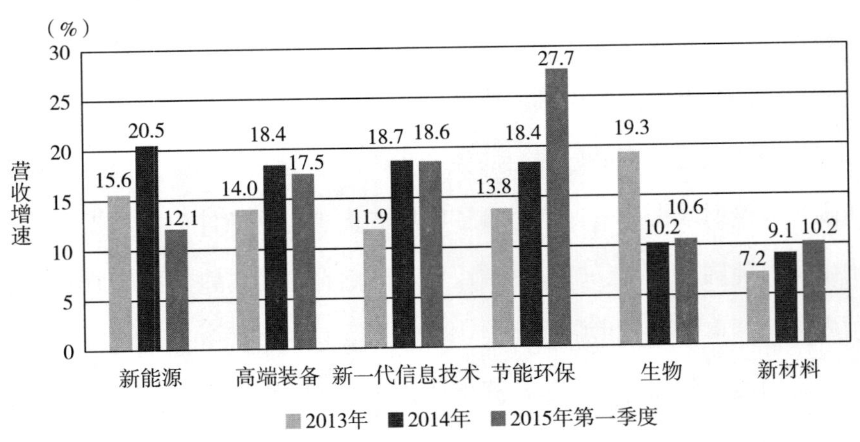

图 2－2　我国 2013 年、2014 年、2015 年第一季度战略性新兴产业上市公司营业收入增速对比

资料来源：国家信息中心。

［参考文献］

［1］EPIA. Global Market Outlook for Photo Voltaics until 2019［R］. Bruxelles：Solar Power Europe，2014.

［2］Ericsson. Ericsson Mobility Report［EB/OL］. https：//www. ericsson. com/en/mobility－report，2015－09－21.

［3］IAEA. Power Reactor Information System［EB/OL］. https：//www. iaea. org/About，2015－05－15.

［4］姜江．全球战略性新兴产业发展的动态与趋势[J]. 中国经贸导刊，2011（13）：27－28.

［5］钟永恒．战略性新兴产业技术分析报告［M］．北京：科学出版社，2014：300－306.

［6］冀星等．我国大型石油公司如何应对生物乙醇与生物柴油发展潮流[J]. 国际石油经济，2008（2）：50－55.

［7］辜胜阻，王平，董丹红．发展我国环保产业的战略对策[J]. 科技进步与对策，2000（1）：17－19.

［8］王爱兰．世界发达国家再生资源产业的发展与趋势分析[J]. 未来与发展，2006（8）：23－25.

［9］国家发展改革委员会．中国资源综合利用年度报告（2014）[J]. 再生资源与循环经济，2014（10）：3－8.

［10］薛婕等．中国环境保护产业重点发展区域的经济绩效评价[J]. 环境污染与防治，2016（2）：98－105.

［11］励建安，陈立典．东西方康复理论与实践的融合[J]. 中国康复医学杂志，2013（8）：691－692.

［12］孙杨等．生物过程工程研究在创新生物医药开发中应用的驱动

力——生物反应器[J].化工进展，2016（4）：971－980.

［13］姜从玉.美国康复医疗制度的演进对我国的启示[J].中国康复医学杂志，2010，25（12）：1188－1190.

［14］陈潮昇.突出发展成都轨道交通产业的战略思考[J].经济研究导刊，2014（22）：38－39.

［15］中国工程科技发展战略研究院.2017中国战略性新兴产业发展报告［M］.北京：科学出版社，2016.

［16］刘文革，董瑞青.世界节能环保产业发展动态与思考［N］.中国能源报，2011－11－07（024）.

［17］汪中，袁艳.浅析新能源汽车的技术现状及发展趋势[J].科技与企业，2013（16）：282.

［18］屠海令.发展先进材料　迎接科技革命[J].科技导报，2014，32（34）：1.

第三章　国家自主创新示范区战略性新兴产业发展现状分析

截至2016年7月，国务院已陆续批准设立了17个国家自主创新示范区，现有的国家自主创新示范区从区域分布来看，沿海东部10个，中部3个，西部3个，东北1个；从区域空间组织形式来看，包括城中科技园区类、整体城市类、城市群类三种类型。自创区的设立不仅成为体制改革的先行区，智慧和资本的聚合区，更成为开放创新的引领区，创造出了令世人震撼的经济和科技奇迹。各种连接和疏通创新价值链的服务体系的创建，使得一个连通基础研究、工业应用、商业价值的创新系统日渐清晰，创新驱动的经济发展逐渐成为自创区增长和发展的主流模式（黄亮等，2017）（见图3-1）。

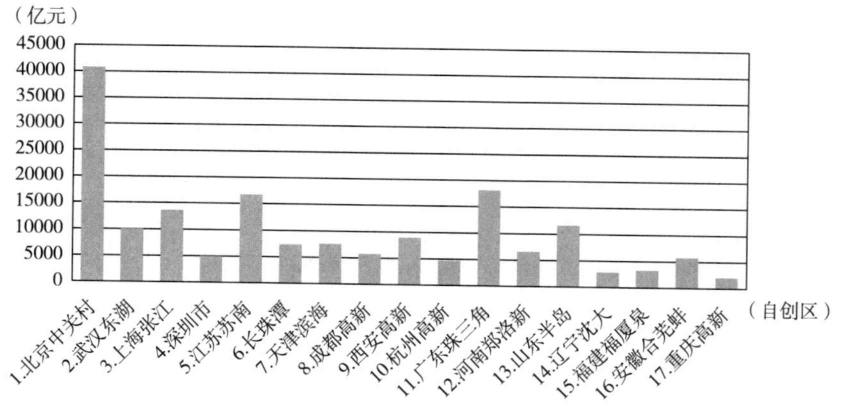

图3-1　2015年国家自主创新示范区战略性新兴产业总收入

资料来源：黄亮，王振，范斐．基于突变级数模型的长江经济带50座城市科技创新能力测度与分析［J］．统计与信息论坛，2017（4）：73-80.

第一节　城中科技园区类自创区战略性新兴产业发展现状

一、北京中关村

北京中关村位于北京市海淀区，是中国第一个国家级高新技术产业开发区、第一个国家自主创新示范区、第一个“国家级”人才特区，是我国体制机制创新的试验田，也被誉为“中国的硅谷”。1988 年 5 月，国务院批准成立北京市高新技术产业开发试验区，它就是中关村科技园区的前身（刘毅，2014）。2009 年 3 月中关村科技园区在 20 多年的发展基础上，由国务院批复建设自创区。2011 年 1 月，国务院批复同意了《中关村国家自主创新示范区发展规划纲要（2011－2020 年）》（中关村科技园，2011），明确了中关村“战略产业策源地”的定位。2012 年 10 月，根据国务院新的批复（高珊珊，2014），中关村自创区空间规模扩展为 488 平方公里，形成了包括海淀园、昌平园、顺义园、大兴—亦庄园、房山园、通州园、东城园、西城园、朝阳园、丰台园、石景山园、门头沟园、平谷园、怀柔园、密云园、延庆园 16 园的“一区多园”发展格局。在 8 年多的自创区建设过程中，北京中关村以智力密集和开放环境条件为依托，在充分吸收和借鉴国外先进科技资源、资金和管理手段的基础之上，通过优惠政策和改革措施，实现环境的局部优化，从而最大限度地把科技成果转化为现实生产力，逐步培育发展了节能环保、电子信息、生物医药、先进制造、新能源、新材料等战略性新兴产业，并在多个领域获重大突破，引领了我国战略性新兴产业创新方向。2009 ~

2016 年北京中关村总收入、税费和利润如表 3－1 所示。

表 3－1　2009～2016 年北京中关村战略性新兴产业历年总收入、税费、利润一览

单位：亿元

年份	总收入	税费	利润
2009	12995.09	661.55	—
2010	15940.2	767.2	1298.9
2011	19646	925.8	1533.9
2012	25025	1445.8	1788.6
2013	30497.4	1506.6	2264.8
2014	36057.6	1857.6	3031.5
2015	40809.4	2035.7	3404.9
2016	46047.6	2314.1	3732.5

资料来源：中关村国家自主创新示范区门户网站发布的《中关村指数 2016》。

2008～2015 年中关村企业专利授权及发明授权量如图 3－2 所示。

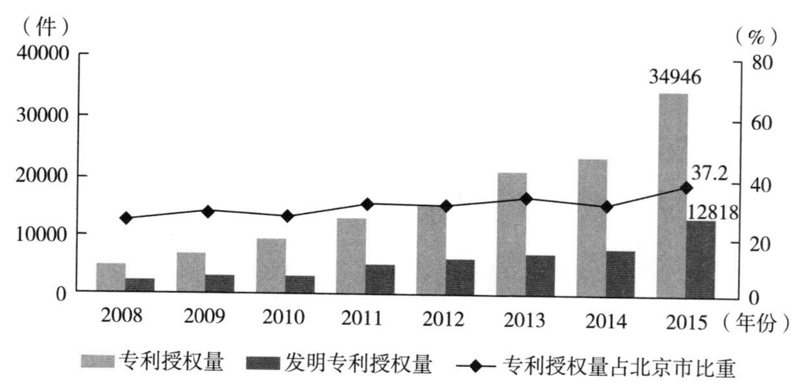

图 3－2　2008～2015 年中关村企业专利授权及发明授权量

资料来源：中关村国家自主创新示范区门户网站发布的《中关村指数 2016》。

在中关村不断增长的创新成果中，在大数据、人工智能、虚拟现实、量子通信、计算机、集成电路、生物医药等领域，涌现出一批位于世界前列的创新成果：百度在线网络技术（北京）有限公司研制的“百度大脑”无人驾驶汽车、语音识别等人工智能技术；诺亦腾的动作捕捉技术；北京国承万通信息科技有限公司发布虚拟现实娱乐设备 StepVR；北京清大致汇科技有限公司发布国内首款安卓系统 3D 打印机；零度智控（北京）智能科技有限公司推出植保无人机“守护者 – Z10”；北京星图纵横网络科技咨询有限公司发布蜂巢大数据开放平台；北京百奥赛图基因生物技术有限公司率先攻克大鼠基因条件性敲除的技术难关；北京康力优蓝机器人科技有限公司推出国内第一个可量产的类人型商业服务机器人；智能管家科技研发布丁机器人；中航材料院的石墨烯应用研究；中科院理化所、梦之墨的液态金属技术；北京碳世纪科技有限公司推出中国首款石墨烯节能改进剂碳威；柏惠维康的神经外科机器人等技术创新走在了全国乃至世界的前列。此外，如商汤科技在全球最为权威的计算机视觉大赛中包揽五个单项中的三项冠军。这一切说明中关村在全球科技竞争中与发达国家的差距在逐步缩小，有望由过去的跟跑者转变为并跑者，假以时日或可在部分领域成为领跑者（中关村科技园管理委员会，2017）。

从“互联网 +”与各领域的融合发展来看，一方面，互联网已成为新常态下引领经济转型升级的新方向、新动力，如大北农加速布局农业互联网，建立了管理网、农村电商网、金融平台网的“三网一通”的管理体系；广联达立足传统建设工程，向产业大数据、产业征信、产业金融等平台服务商转型。另一方面，前沿技术创新、商业模式创新、科技金融创新有机融合不断催生新业态、新模式。中关村率先出现了以数据堂、软通动力、京东、创易网等为代表的“知识众包”“研发众包”“O2O 众包”“服务众包”“创意众包”等服务平台，以及以美团、今日头条、小猪短租等企业为代表的分享经济（中关村，2017）。

中关村战略性新兴产业的发展虽然取得了一些阶段性的成果，但是许多领域相比于发达国家还存在较大差距，主要表现在：企业制度不成熟，社会服务体系不发达，创新效率不高，科研成果转化成功率不高，信用体系欠缺，社会资本贫瘠。

二、武汉东湖

武汉东湖高新区又称“中国光谷”，位于武汉东南部洪山区和江夏区境内，1991 年被国务院批准为国家级高新技术产业开发区。2009 年 12 月 8 日，国务院下发《关于同意支持东湖新技术产业开发区建设国家自主创新示范区的批复》，武汉东湖新技术开发区继北京中关村科技园区后，成为全国第二个国家自主创新示范区。东湖自创区规划面积 518.06 平方公里，下辖光谷生物城、光谷未来科技城、光谷东湖综合保税区、光谷电子信息产业园、光谷现代服务业园、光谷智能制造产业园、光谷中华科技产业园、光谷中心城八大产业园区。

“十二五”期间，东湖自创区主要经济指标年均增长率 20% 以上（见表 3－2），初步形成包括光电子信息、生物医药、高端装备制造、新能源与节能环保、新网络经济、现代服务业等产业的“5＋2”产业新格局，战略性新兴产业产值已达千亿元，引领了光谷经济实现跨越式发展。其中，光通信、激光、光电器件、新一代显示、半导体照明、地球空间信息产业在全球的影响力日渐增强；生物产业重点发展生物医药、生物农业、生物制造、生物能源、医疗器械和健康服务等领域；数控机床、智能网联汽车领域在全国领先地位正在形成；集成电路和半导体显示产业、新网络经济产业正在成为光谷发展迅猛、举足轻重的产业板块，涌现了全球领先脑链接图谱技术、全球首台常温常压氢能客车、全球首台癌症早期检测设备、全球首款 AR 投影仪、国内首台具有自主知识产权的基因测序设备等重大创新成果。

表 3－2　2010～2015 年东湖高新区主要经济指标一览

指标名称	2010 年	2011 年	2012 年	2013 年	2014 年	2015 年	“十二五”年期间均增长率（%）
营业收入（亿元）	2926.14	3810.06	5006.36	6517.21	8526.10	10062.15	28.02
工业总产值（亿元）	2508.78	3191.37	4012.22	5086.17	6412.30	7389.31	24.12
工业增加值（亿元）	860.34	1083.85	1373	1758	2176	2520	23.98
净利润（亿元）	176.67	237.58	303.24	394.68	489.96	561.66	26.03
实际上缴税费总额（亿元）	161.27	208.92	258.49	320.86	390.51	450.48	22.81

资料来源：东湖国家自主创新示范区门户网站。

三、上海张江

上海张江高新区始建于 1992 年，是国家级的重点高新技术开发区。2011 年，国务院批复张江高科技园区建设自创区。张江自创区总面积为 531 平方公里，覆盖上海市所有行政区，目前已拥有 22 个科技园，拥有近 70000 家科技型、创新型企业。张江是上海创新发展的重要引擎、全国创新改革先导区以及上海建设具有全球影响力科技创新中心的核心载体。

“十二五”期间张江主要经济指标前三年增速较快，后两年明显放缓（见表 3－3）。目前，初步形成了以信息技术、生物医药、文化创意、低碳环保等为重点的产业格局（杨亚琴，2015）。

表 3－3　2011～2015 年上海张江高新区主要经济指标一览

单位：亿元

指标名称	2011 年	2012 年	2013 年	2014 年	2015 年
营业收入	6526.6	8213.72	11368.91	12742.24	13612.84
净利润	636.25	717.70	728.93	996.75	1333.99
实际上缴税费总额	445.80	476.05	595.68	702.00	739.06

资料来源：上海张江国家自主创新示范区门户网站。

在信息技术产业方面，重点发展方向为集成电路、软件与信息服务、光电子、消费电子终端等，其中集成电路产业链从芯片设计、制造、封装、测试到设备制造已在园区初步形成，产值约占全国的1/3。特别是中芯国际的全面投产使内地集成电路制造技术与国际主流技术的差距有所缩小。软件行业中，“国家软件产业基地”的集聚和辐射效应已经显现，吸引了一大批国内外知名软件企业、研发机构，包括宝信软件、美国花旗、印度 Infosys、印度 Tata 等，全球 30 强中有 8 家、中国 100 强中有 11 家在张江设立了研发中心。在生物医药产业方面，形成了从新药研发、药物筛选、临床研究、中试放大、注册认证到量产上市在内的完备创新链。园区形成新药产品超过 230 个，新药证书超过 50 个，目前正在研发的药物品种有近 300 个（鲍书晨，2015）。目前全球排名前十的制药企业中，已有 7 家在张江设立了研发中心（如罗氏、辉瑞、诺华），同时也集聚了包括国家人类基因组南方研究中心、国家新药筛选中心、国家新药安全评价中心等国内一流的研发机构，奠定了张江“药谷”地位。在文化创意产业方面，以数字出版、动漫影视、网络游戏以及创意设计领域为产业特色，园区集聚了盛大文学、炫动卡通、暴雪娱乐（Blizzard Entertainment）、美国艺电（Electronic Arts）、聚力传媒、沪江网、河马动画等一大批国内外优秀文化创意企业。2008 年张江文化产业园被国家新闻出版总署正式命名为全国第一家国家级数字出版基地，2011 年被国家文化部正式命名为国际级文化产业示范园区。在低碳环保产业方面，重点发展智能电网、水处理、生物燃料、生物脱硫、节能环保设备研发及环保服务业务，林洋电子、益科博等企业迅速发展（上海市张江高新技术开发区，2017）。

在新一轮的发展中，张江还存在一些问题和瓶颈有待完善和突破，一是创新资源整合问题。张江虽然已经拥有了一些国内外一流的研发机构、知名高校，但在集聚的绝对数量上与国际知名园区还存在不小差距，而且这些机构之间、产学研之间缺乏交互反应式创新；二是创业环境还需进一步优化。如孵化器不能有效地提供全过程服务，尚未建立起系统的科技中介服务体系和良好的咨询服务网络，缺乏有效的信息沟通平台等；三是创新企业缺乏足够的风险投资基金支持。如风险投资的运作环境不完善，资本退出渠道不畅通，同时风险投资机构与企业之间的信息不对称，缺乏权威性的技术中介机构提供完善的服务。

四、天津滨海

天津滨海高新区于 1991 年被国务院批准为首批国家级高新技术产业开发区，总体规划面积为 97.96 平方公里。2015 年 2 月获批成为第七个自创区，主要包括华苑、滨海、北辰、南开、武清、塘沽六个科技园。滨海高新区建立了全国第一家火炬创业园，建成了全国第一家民营国家级孵化器，成为全国第一个国家知识产权试点园区，建立了全国首家支持科技型中小企业进行科技研发和产品开发投入的科技小额贷款公司。区域内形成了以航空航天、汽车及装备制造、粮油轻纺、生物医药、石油化工、新能源、新材料、环保和电子信息等产业为主的产业格局。天津赛象科技股份有限公司的“巨型工程子午轮胎成套生产技术与设备开发”获国家科技进步一等奖，自主研发的高性能计算机曙光星云系列，在全球超级计算机中名列前茅。

但滨海自创区仍然存在高新技术产品自主研发和转化能力不足、在创新驱动发展方面破解难题不够、公共服务平台建设不够等问题，严重制约着战略性新兴产业的发展后劲和整体竞争力。

五、成都高新区

成都高新区在 1991 年获批成为全国首批国家级高新区，2006 年被科技

部确定为全国创建“世界一流高科技园区”试点园区之一，2015 年经国务院批准成为西部首个自创区。区域面积为613 平方公里，初步形成了“一区四园”的格局。其中，高新南区为 87 平方公里，定位为“金融中心、双创中心、国际交流中心和专业会展中心”；高新西区占地 43 平方公里，定位为“先进制造业聚集区和校地合作示范区”；高新东区为 483 平方公里，以天府国际机场为枢纽，大力发展临空经济，建设天府国际空港新城。与成都市双流区合作共建 44 平方公里的成都天府国际生物城，定位为“世界级生物产业创新与智造之都”。

成都高新区正大力发展新一代信息技术、生物、高端装备制造、节能环保、生产性服务业五大战略性新兴产业。聚集英特尔、格罗方德、戴尔、联想、德州仪器、富士康、华为等一批国际知名企业，在全球电子信息产业格局中占有一席之地。引进总投资超过 1200 亿元的京东方系列项目、总投资逾 100 亿美元的格罗方德半导体制造项目、总投资 16.9 亿美元德州仪器封装测试项目、总投资 16 亿美元的英特尔“骏马”项目，形成了涵盖“IC 设计—晶圆制造—封装测试—终端服务”的完整集成电路产业链，全球每两台笔记本电脑 CPU 就有一枚是成都高新制造。

生物医药产业已形成现代中药、化学药、生物技术药物、医药外包服务等特色产业集群（成都高新区管委会，2017）。培育出地奥、蓉生等一批本土高科技企业。中药“地奥心血康胶囊”成功在荷兰以治疗性药品身份上市，成为非欧盟国家第一个在欧盟国家获准注册的植物药。生物医学工程产业拥有国家生物医用材料与医疗器械高新技术产业化基地，聚集了奥泰医疗、迈克生物、西南医用、南格尔、迪康中科等 200 余家企业。研制出我国第一台具有完全自主知识产权的超导磁共振医学成像系统。

在高端装备制造业方面，航空装备初步形成了“航空电子 + 航空零部件+航空维修及服务”的产业特色，聚集中电科、海特、航利航空、普惠艾特、特姆肯、高龙机械等70余家企业；轨道交通依托西南交通大学雄厚的技术实力，聚集运达科技、交大光芒、交大许继等轨道交通装备研发制造企业近30家；在卫星应用产业链关键环节及终端产品领域具有特色，聚集振芯科技、天奥信息、盟升科技等企业近30家；智能制造在智能测控装置、智能化高端装备、关键基础零件等领域具有较强实力，聚集西门子、四威高科、阜特科技、普瑞斯等企业70余家。

在大气污染防治、水污染防治、环保产品环境检测仪器与应急处理设备、垃圾和废弃物处理处置等领域，聚集了天一科技、依糠科技、硅宝科技、飞利浦、华津时代、威特电喷、中自尾气、易态科技等重点企业近200家。

在现代服务业方面颇具特色，金融业已全面构筑现代金融产业集群和支撑体系，聚集锦泰财险、四川产业振兴基金、四川金融控股、成都（川藏）股权交易中心、新网银行等各类金融机构和准金融机构。商务服务业聚集了IBM、埃森哲、马士基、GE、东方电气、国电、阿里巴巴、腾讯等国内外知名企业区域总部300余家。形成了电子商务平台服务、支撑服务、衍生服务和电子商务产业园区管理为一体的电子商务产业集群，涌现出来一火、速递易、杂志铺等本土创新型电子商务企业（成都高新区管委会，2017）。

六、西安高新区

西安高新区在1991年被国务院批准为首批国家高新区。2016年8月25日，国务院正式批复西安高新区建设自创区，并赋予西安高新区打造“一带一路”创新之都的历史使命。

西安高新区产业发展的主要特点表现在：一是形成了新一代信息技术、

高端装备制造、生物医药、节能环保、新材料和科技服务业多元支撑的发展格局。在新一代信息技术领域正在形成具有全球竞争力的产业集群，以三星和美光为龙头的半导体全产业链已经初步形成，以中兴、华为和比亚迪支撑的智能终端产业集群正在聚集，以高端软件为支撑的信息服务千亿产业集群已经形成。二是创新成果大量涌现，成为西部地区创新创业最为活跃的区域。区内企业主导制定了 WAPI、同轴射频连接器等 20 项具有全球影响力的国际技术标准，制定国家和行业标准超过 700 项。三是构建统筹科技资源平台，促进科技与金融的有效融合。西安科技大市场通过整合科技要素资源、创新服务模式、完善服务链条，构建了以技术转移服务为核心的市场化平台服务体系。四是坚持军民融合，增强产业支撑，成为我国军民融合产业发展的重要基地（郭曼，2015）。11 大军工集团中有 8 家在高新区投资布局，涉及军工电子、船舶、航空、航天、兵器和核工业等领域。

七、杭州高新区

杭州高新区建于 1990 年，是国务院批准的首批国家级高新技术产业开发区之一。2015 年 8 月 25 日，国务院批复同意杭州和萧山临江两个国家级高新技术产业开发区（统称杭州国家级高新区）建设自创区。

杭州自创区电子信息、光机电一体化、新材料、生物医药四大战略性新兴产业已形成规模，在此基础上又创造了“两网一城”即互联网、物联网和白马湖生态创意城。近几年，基于互联网技术的电子商务产业成为了杭州高新区成长最快的产业之一，基于电子商务的技术服务、电子支付、现代物流、标准建设等电子商务支撑体系已成规模（杭州高新技术开发区，2011），基本形成了以第三方电子商务应用平台为主流发展态势，集聚了以阿里巴巴、网易为代表的 40 余家企业。

物联网产业已成为全区第二大发展势头良好的产业，已基本形成从关键控制芯片设计、研发，到传感器和终端设备制造，再到物联网系统集成以及相关运营服务的产业链体系。在物联网技术研发领域，在安防、工业自动化、在线检测这三个领域处于全国领先，掌握了射频识别、无线传感器网络、物联网系统集成等方面的一批核心技术。其中海康威视、大华在全球安防企业中位于第四位和第十位。此外，物联网产业链龙头企业中科微电子、讯能科技、中图射频、聚光科技、海康威视、大华股份、华三通信等在此集聚（张越，2014）。

八、重庆高新区

重庆高新区于 1991 年 3 月经国务院批准设立，是首批 27 个国家级高新技术产业开发区之一，也是中国西部最早设立的国家级开发区。2016 年，获批建设自创区，纳入中国（重庆）自由贸易试验区范围。重庆高新区规划建设面积 74. 3 平方公里，其中：东区石桥铺、二郎片区 20 平方公里，西区金凤、含谷、白市驿组团 54. 3 平方公里。目前，重庆高新区构建起以汽车为主导产业，同时发展石墨烯新材料、电子信息、生物医药、高端装备和智能制造、高技术服务、现代商贸物流等新兴产业集群的格局，打造了西区国家级综合型高新技术产业基地和东区石桥铺、二郎高技术服务中心。此外，自创区还具有总部经济、临港经济等综合性功能。

但重庆高新区仍存在技术创新平台建设发展滞后，创新服务方式不完善，创新资源整合不充分，创新体制互动机制没有形成，创新体系建设管理运行机制不健全等问题。

第二节 整体城市类自创区战略性新兴产业发展现状

深圳市是第一个以整体城市为基本单位的国家自主创新示范区，截至2016年底也是唯一一个。深圳位于珠江口东岸，与香港地区一水之隔，是中国南部海滨城市，是中国改革开放和现代化建设先行先试的地区。2014年6月，深圳国家自主创新示范区成为第四个国家自主创新示范区。

深圳重点培育和发展了新一代信息技术产业、文化创意产业、互联网产业、新材料产业、生物产业、新能源产业、节能环保产业等战略性新兴产业（见表3－4）。在新一代信息技术产业方面，深圳已成为中国重要的IT产业制造基地、研发基地、出口基地和物流中心。主要产业园区包括深圳软件产

表3－4 “十二五”期间深圳市战略性新兴产业发展一览

指标名称	2011年	2012年	2013年	2014年	2015年	“十二五”年均增长率（%）
战略性新兴产业增加值（亿元）	3259.21	3878.22	5002.5	5695.24	7003.48	17.42
其中：新一代信息技术产业（亿元）	1411.63	1644.83	2223.73	2569.8	3173.07	14.66
文化创意产业（亿元）	970	1150	1357	1553.64	1757.14	19.68
互联网产业（亿元）	291.07	356.91	499	576.4	756.06	31.42
新材料产业（亿元）	207.45	226.95	358.52	383.98	329.24	58.8
生物产业（亿元）	174.96	205.03	228.28	242.83	254.68	65.3
新能源产业（亿元）	254.1	294.5	335.97	368.55	405.87	14.52
节能环保产业（亿元）	—	—	—	—	327.42	12.0

资料来源：深圳市政府门户网站。

业基地、深圳湾技术生态园、坂雪岗科技城等。代表性本土企业包括华为、中兴、海能达等。

在文化创意产业方面，深圳是全国第一个获得联合国教科文组织“设计之都”称号的城市。工业设计、平面设计等设计产业在全国领先，获 iF 国际设计奖数蝉联全国首位。主要产业园区包括深圳国家动漫画产业基地、田面设计之都创意产业园、中芬设计园等。代表性本土企业包括华强文化科技、嘉兰图设计等。

在互联网产业方面，深圳是首批获准创建国家电子商务示范市的城市之一。主要产业园区包括蛇口网谷、福田国际电子商务产业园、深圳市宝安互联网产业基地等。代表性本土企业包括腾讯、迅雷等。

在新材料产业方面，深圳新材料产业链完整，着重发展电子信息材料、新能源材料、生物材料、建筑节能材料、石墨烯纳米材料、超材料等重点领域。主要产业园区包括光明新区电子信息材料集聚区、坪山新区动力电池材料产业集聚区等。代表性本土企业包括南玻、光启研究院、贝特瑞等。

在生物产业方面，深圳生物产业以年均20%的增速快速发展。深圳是国家首批国家生物产业基地，生物医学工程、生物医药领域领跑全国，高端生物医学工程、基因测序和生物信息分析、细胞治疗等技术跻身世界前沿。主要产业园区包括国际生物谷、深圳高新技术产业园、坪山国家生物产业基地等。代表性本土企业有微芯生物、迈瑞医疗等。

在新能源产业方面，深圳新能源产业已形成从设备制造到能源服务的完整新能源产业链，核能、太阳能、生物质能及纯电动汽车等重点领域发展迅速。主要产业园区包括坪山新区新能源汽车产业基地、龙岗区新能源产业基地等。代表性本地企业包括比亚迪、深圳能源等。

在节能环保产业方面，深圳高效电机风机、节能控制等高效节能领域，环境监测、废水处理等先进环保领域，垃圾焚烧发电、电子废弃物回收再利

用等资源循环利用领域居全国领先水平。代表性园区有国际低碳城、光明新区 LED 产业园，代表性本土企业有达实智能、铁汉生态、东江环保等（深圳政府在线，2017）。

第三节　城市群类自创区战略性新兴产业发展现状

一、江苏苏南

2014 年 10 月 20 日，国务院批复同意支持南京、苏州、无锡、常州、昆山、江阴、武进、镇江八个高新技术产业开发区和工业园区建设苏南自创区，战略定位是建设成为“创新驱动发展引领区、深化科技体制改革试验区、区域创新一体化先行区和具有国际竞争力的创新型经济发展高地”（江苏省生产力促进中心，2017）。

南京高新区位于南京市浦口区，1991 年 3 月被国务院批准为全国首批也是江苏省首家国家级高新区，园区面积为 160 平方公里，包括南京软件园、南京医药与生物工程科技园和半导体科技工业园。现已初步形成了软件、生物医药、新能源、航空航天、新材料等产业发展格局，建有电子信息产业基地、生物工程与医药产业基地、江苏省技术创新基地。南京洛普实业有限公司、南京振中生物工程公司、南京三能电力仪表有限公司等企业自行研制的高科技产品，具有国际领先水平。同时，园区集聚了荷兰飞利浦、阿克苏、德国西门子、美国智通、加拿大北方电讯等一批国际著名跨国公司，进区发展的南京天地集团、高能集团、斯威特公司等民营企业已跻身全国高新技术企业500强。

苏州高新区（虎丘区）西临烟波浩渺的万顷太湖，东依2500年历史的苏州古城，是全国首批国家级高新区。行政区域面积332平方公里，其中太湖水域109平方公里。下辖浒墅关、通安2个镇，狮山横塘、枫桥、镇湖、东渚4个街道和浒墅关国家经济技术开发区、苏州科技城、苏州西部生态旅游度假区、苏州高新区综合保税区。重点发展的战略性新兴产业包括集成电路芯片设计、制造和应用，太阳能光伏和锂电池，医疗器械，云计算、工业互联网，物联网、电子商务和平台经济等。同时还围绕制造业数字化、绿色化、智能化，全力发展高端制造业。

无锡国家高新区是1992年11月经国务院批准的国家级高新技术产业开发区，包括锡南高科技工业园和宜兴环保科技工业园，规划面积25平方公里。重点发展环境污染处理新装置及新工艺、物联网、新型显示、环保微电子、新能源和新能源汽车、环保新材料、无废无害综合利用成套技术及设备、环境监测及控制仪器、高精度环境分析仪器、生物工程、环保科技软件、工业设计与文化创意。建成了国家集成电路设计无锡产业化基地、国家火炬计划软件产业基地、国家级科技创业服务中心，国家高新技术产业出口基地和江苏省电子信息产业基地。目前，大规模集成电路制造技术和能力跃升全国第一，产业规模占全国16%；太阳能光伏产值占全国50%和全球的10%，无锡尚德太阳能电力有限公司研发的“冥王星”单晶硅电池光电转换效率达19%，世界领先；新材料研制站到了行业的顶端，江苏天鸟高新技术股份有限公司先后攻克了高性能碳纤维3D高密度预制件织造技术、仿形多功能织物设计与制造等高难度技术。该公司还承担研制了我国航天器产品“天宫一号”目标飞行器、长征二F运载火箭组合体中多项热防护、热结构部件碳纤维预制体；液晶产业、工业设计产业规模位居全国前列。

常州国家高新区是1992年11月经国务院批准成立的国家级高新区之

一，位于常州市老城区之北，北依长江，南枕沪宁铁路，东与江阴市、西与丹阳市和扬中市接壤，与上海、南京、杭州等距相望。目前下辖七镇三街道，一个省级经济开发区，一个综合保税区，面积 508.94 平方公里。初步形成了以“化工新材料、动力装备、通用航空、光伏新能源、生命健康、文化创意、智慧科创和现代农业”八大专题园区为支撑的产业发展格局。高新区创新型园区发展特色突出，其中，光伏产业园重点发展新一代光伏广电、光热发电、储能、并网逆变、系统集成应用及生产装备技术等；创意产业园重点发展软件、动漫游戏及衍生品、网络数字媒体、数字化展示、互动电视服务、数字出版、广告等；生物医药产业园重点发展生物技术新药及制剂、小分子药物、医疗器械及设备、现代中药、生物工业等；新能源车辆产业园重点发展汽车整车、动力总成、新能源汽车关键部件、动力电池、工程机械、运输机械、航空部件及相关关键零部件等产业。截至目前，全区累计新增制定（修订）国际标准 7 件、国家标准 110 项、行业标准 116 项。

昆山高新区于 2010 年 9 月经国务院批准成为中国县级市首家国家高新技术产业开发区。高新区依托阳澄湖科技园、吴淞江产业园、新城北产业园“三大板块”，全力打造“6 + 3”产业发展格局，即新一代信息产业发展、模具产业、可再生能源产业、机械人及设备制造产业、小核酸及生物医药产业、汽车及零配件产业；科技服务业、生产性服务业、商贸服务业。

江阴高新区于 2011 年 6 月 15 日经国务院正式批复为国家高新技术产业开发区，高新区管辖面积 53 平方公里，下辖一个街道，为全省所辖面积最小的国家级开发区之一。经过多年的开发建设，江阴高新区初步确立了以金属新材料及高端制品、融合通信装备及材料、高端智能装备、现代中药及生物新药四大先进制造业以及总部经济、文化创意、软件和服务外包、现代物流、城市经济五大现代服务业为主的现代产业发展新格局（折然君，2016）。

武进高新区位于江苏省常州市南部，2012 年国务院批复为国家级高新技术产业开发区，规划总面积182平方公里。区内拥有国家高新技术创业服务中心、津通国际工业园、常州信息产业园、武进工业设计园等创新创业平台，主要培育发展了以机器人、工程机械及关键零部件、通用航空与轨道交通等为代表的智能装备，以半导体照明为特征的节能环保，以关键元器件为支撑的电子信息三大战略性新兴产业。园区集聚了新誉集团、恒立油缸、卡尔迈耶、柳工机械、瑞声科技、晶品光电等100多家新兴产业领域的龙头企业和高成长企业（王德禄，2013）。成功引进了博世力士乐、住友电工等12家世界500强以及南方轴承、创生史塞克等8家境内外上市企业。

镇江经济技术开发区地处镇江东部，是由1992年设立的镇江经济开发区和1993年设立的镇江大港经济开发区，于1998年合并组建而成，2010年升格为国家级经济开发区。下辖丁岗、大路、姚桥三镇和大港、丁卯两个街道，总面积218.9平方公里。目前已形成复合材料、航空制造和新能源产业集群，建成国内首条T800碳纤维生产线，成功创建国家新能源示范园区和国家分布式光伏发电应用示范区；建有立足苏南、辐射全国的立体式区域物流集散中心（镇江新区管委会，2017）。

二、湖南长株潭

长株潭自创区于2014年8月获得国务院批复同意，由长沙高新区、株洲高新区、湘潭高新区组成，按照“弹性专精”的原则，对长株潭现有的小园区进行专业化分工与产业定位，建设专业化、特色化的科技园区。

长沙高新区创建于1988年，于1991年3月经国务院批准为首批27个国家级高新区之一，规划总面积达140平方公里。高新区主要包括军民融合产业园、尖山湖国际创新中心、清控科创、北斗微芯四个园区，重点发展的新一代信息技术、新材料、生物医药、新能源和节能环保等战略性新兴产业，形成了先进装备智能制造、移动互联网、节能环保与新能源产业等主导产业，新材料、生物医药与健康和现代服务业等优势产业，以及北斗应用、装配式建筑、航空航天、增材制造等新兴产业“多点支撑”的产业格局。

株洲高新区成立于1992年5月，同年11月经国务院批准为国家级高新技术产业开发区，总面积达150平方公里。经过多年的发展已形成了“一区三园多基地”的产业发展格局，区内先后建成了国家级企业技术中心4个，国家级企业工程中心1个，博士后工作站7个，省级重点实验室1个，省级企业技术中心8个。拥有国家新材料成果转化及产业基地、国家火炬计划传感技术产业基地、国家高新技术产品出口基地、湖南轨道交通装备制造基地，形成了以交通装备为主体的先进制造业、以自动控制为主体的电子信息产业、以有色金属深加工为主体的新材料产业以及生物医药和健康食品四大产业（谢高进，2005）。

湘潭高新区成立于1992年，2009年3月升格为国家级高新区。管辖面积46.8平方公里。园区围绕着高端装备制造、新一代信息技术、新材料产业和现代服务业构建“3+1”产业体系，重点围绕智能技术研发、能源装备、新材料、现代服务业、3D打印与大数据等产业，依托长株潭国家自主创新示范区建设，打造湘潭智造谷核心，现已形成了风电装备制造、矿山装备制造、钢材深加工三大主导产业。园区诞生了中国第一台5兆瓦直驱永磁风力发电机、中国第一台300吨电动轮自卸车、中国第一套船用电力推进设备、第一辆城市轻轨车等。

目前，长株潭自创区战略性新兴产业发展也存在一些问题：一是三家高新区之间产业结构有所雷同，产业关联度不高，且缺乏在全国同行业有影响的优势产业群和大型企业集团；二是规模总量偏小、结构升级慢、产业竞争力弱，发展后劲不足。

三、广东珠三角

珠三角自创区覆盖了广州、珠海、佛山、惠州、东莞、中山、江门、肇庆八个市，于2015年9月29日正式获得国务院批复。自创区现已实现关键领域重大突破，在中微子、超材料、基因组、干细胞、移动通信技术等多个领域跻身世界领先水平。

广州高新技术产业开发区地处广州市东部，1991年3月经国务院批准成立，是首批国家级高新区之一。现已形成由广州科学城、天河科技园、黄花岗科技园、民营科技园和南沙资讯园组成的“一区多园”的格局（钟永恒，2014），建成了电子信息、新材料等21个国家级产业基地和园区，平板显示、生物产业等四个广东省战略性新兴产业基地，电子商务、智能装备等六个广州市战略性新兴产业基地，形成了电子、汽车、化工三大千亿级产业集群，新材料、金属制造、生物健康、食品饮料四大500亿级产业集群，着力培育了新一代信息技术、智能装备、平板显示、新材料、生物医药、电子商务六大创新型产业集群。

珠海高新区于1992年12月经国务院批准成立，是1993年3月由国家科委（现科技部）授牌并进行动态管理的国家级高新区，由南屏科技工业园、三灶科技工业园、新青科技工业园和科技创新海岸组成。目前珠海高新区正式形成“一区多园”的格局，即唐家湾主园区、南屏工业园、三灶工业园、新青科技工业园、富山工业园、航空产业园、横琴高新技术和科研研发园区，园区面积合计419.56平方公里。现已初步形成了软件和集成电路设计、互联网与移动互联网、医疗器械、智能电网以及文化创意、高端制造业“4+2”现代产业格局。

佛山高新区是1992年经国务院批准建设的国家级高新区。重点发展汽车整车及零部件制造、高端装备制造、光电、新材料、智能家电、生命健康等产业，尤其在汽车、智能数控、光机电、3D 打印、机器人等方面发展势头良好，已初步形成集“研发、工程设计、核心零部件、精密加工、系统集成、品牌服务、高端展会”于一体的装备制造全产业链。较有代表性的企业有东方精工、南方风机等龙头骨干企业，以及“互联网+智能制造”行业的标杆企业维尚家具。

惠州仲恺高新区是1992 年经国务院批准成立的全国56 家国家级高新技术产业开发区之一，位于深莞惠区域核心，南靠深圳，西接东莞，毗邻广州、香港，规划面积约500 平方公里，实际开发面积320 平方公里。目前，仲恺高新区建有仲恺高新科技产业园、东江高新科技产业园、惠南高新科技产业园、中国留学人才发展基地。经过多年发展，形成了以 LED、移动互联网、平板显示、新能源、云计算为主的“4+1”五大战略性新兴电子信息产业和现代服务业为代表的现代产业体系（惠州仲恺高新技术产业开发区管委会，2017）。区内聚集了近2000 家中外企业，包括三星、LG、索尼、可口可乐、西门子、施耐德、普利司通、住友等世界500 强企业以及 TCL、华阳、德赛、龙旗、亿纬等国内外知名企业。

东莞松山湖高新技术开发区地处东莞几何中心，南邻香港、深圳，北靠广州，2001 年11 月经广东省人民政府批准设立高新技术产业开发区，规划控制面积72 平方公里，2010 年11 月经国务院批准为国家高新技术产业开发区。园区按照功能布局，从北向南依次划分为四大片区：北部区是高科技产业、研发平台聚集区；中部区是教育、研发、生物技术、新能源新材料、IC 设计产业聚集及高新技术创业区；台湾高科技园是台湾高端产业项目主题园区；南部区是研发总部、金融服务、文化创意、生物技术产业区。聚集了包括日本田村制作所、太阳诱电，韩国的三星电机，我国台湾地区的台达电子、光宝科技、雅新实业在内的约2 万家的电子电器与IT 产业的台资、港资及日资企业。

中山火炬高技术产业开发区位于中山市东部，是由国家科技部、广东省政府和中山市政府于1990年共同创办的国家级高新区，总面积为92.23平方公里。现已形成“4+2+2”产业格局，即四大战略新兴产业——高端电子信息、先进装备制造、健康科技、新能源产业，两大传统优势产业——汽车配件、包装印刷；后面的“2”就是新材料、节能环保产业。高端电子信息产业方面，重点发展液晶平板显示、微电子、彩色打印机、光电通信产业，引进了纬创液晶光电园和佳能彩色打印机基地等龙头项目。先进装备制造产业是开发区近年充分利用已有的港口优势和传统制造业优势，规划、引导和发展起来的新兴产业。国家火炬计划中山（临海）装备制造产业基地，也是翠亨新区的智造区，已成为未来装备制造业发展的优质产业平台；健康科技产业依托“国家健康科技产业基地”，逐渐形成以生物医药和药品制剂为重点，保健品和新型医疗器械为支撑，产业链完整、产学研体系趋于成熟、医药流通支持体系发达的国内重要生物医药产业集群。新能源产业以明阳风电集团为龙头，涵盖风机制造、锂电池、太阳能、清洁能源等产业。“十二五”期间重点发展以明阳风电集团为龙头的风电设备产业，以嘉明、国电和高倍太阳能聚光发电项目为龙头的清洁能源电力产业，并倾力打造风电产业基地。汽车配件产业依托“中炬汽配工业园”发展，同时重点建设新能源汽车产业基地（国家中心火炬高技术产业开发区管委会，2017）。

肇庆国家高新区所在地大旺，1992年底设立大旺综合经济开发区，2010年9月成功升级为国家高新区。到目前为止，初步形成了以亚铝集团为龙头的金属新材料产业，以中恒集团、大华农为龙头的生物医药产业，以中导光电为基础的电子信息产业，以100多家生产企业为支撑的先进装备制造、生物医药食品等产业集群（肇庆国家高新区管委会，2017）。

珠三角自创区在发展战略性新兴产业中仍存在重复布点与资源配置不合理现象、缺乏整体规划、科技制度创新滞后等问题。

四、河南郑洛新

郑州、洛阳、新乡三个国家高新技术产业开发区（统称郑洛新国家高新区）是中原地区的高科技产业中心，该区域是国务院批转的第12个自创区。

郑州国家高新技术产业开发区，坐落于郑州的西北部，1991年，成为国务院首批批准的国家级高新区，规划面积为70平方公里。现已建成河南省国家大学科技园西区、国家863中部软件园、新材料产业园、生物医药产业园、光机电产业园。河南省国家大学科技园东区、威科姆国际生态软件园、生态创意园、固态照明产业园、光伏产业园等园区正在建设中。区内初步形成了电子信息、新材料、光机电一体化、新能源、软件服务外包、网络安全、仪器仪表、生物制药、超硬材料等特色产业（杨曼慢，2010；刘合群，2014）。生物医药产业被确定为国家级生物高技术产业基地核心区，诊断试剂水平在全国处于领先地位。高新区研发力量集中在工科、医科、IT产业（郑州高新区管委会，2017）。

洛阳高新区于1992年经国务院批准为国家级高新技术产业开发区，是洛阳第一家国家级高新技术产业区。开发区位于洛阳市区西南部，紧邻涧西大工业基地和智力密集区，目前托管两个乡镇，区域总面积96平方公里。高新区确立了“2+2”特色产业发展格局，即重点发展机器人及智能装备制造产业、新材料产业，重点培育新能源及新能源汽车产业、生物医药产业。

新乡高新区于1994年3月被河南省政府批准为省级开发区，2005年12月，新乡高新区通过国家发改委审核。2006年7月通过扩区方案，扩区后规划面积为53平方公里，建成区18平方公里。重点发展生物新医药、节能环保家电、新能源汽车及汽车零部件及特色装备、食品饮料四大产业，先后入驻包括华兰生物、科隆电器、新能源汽车、天丰钢构、高远路业、娃哈哈饮品、中原软包装等国内外知名企业。

五、山东半岛

2016年4月5日，国务院正式批准建设包括济南、青岛、淄博、潍坊、烟台、威海六市高新区在内的山东半岛国家自主创新示范区。目前正在着力构建六个高新区区域创新中心互为补充、联动发展的海洋科技创新格局（科技部，2017）。

济南高新区是1991年3月经国务院批准设立的首批国家级高新区。目前已形成中心区、章锦片区、高新东区、高新北区、创新谷片区共五大片区，总面积达到了318平方公里，具有“一区两城两谷”特色，即临空经济区、智能装备城、生命科学城、齐鲁智慧谷、齐鲁创新谷，建有国家信息通信国际创新园、齐鲁软件园、高新技术创业服务中心、综合保税区、济南留学人员创业园等国家级专业园区。此外，还先后建设了国家超算济南中心、浪潮高性能计算中心、国家综合性新药研发技术大平台、量子技术研究院、山东省机器人与智能制造公共技术平台。重点发展的产业包括电子信息、生物医药、装备制造、现代服务业，其中，装备制造业发展潜力巨大，在智能制造、输配电设备、智能机器人、专用设备领域优势突出，现代服务业已成为新的增长点。在创新成果方面，在高效能服务器、大数据开发应用、量子通信技术等领域，具备了一批具有自主核心技术的知识产权成果，技术水平达到了世界一流（济南高新技术产业开发区管委会，2017）。

青岛高新技术产业开发区于1992年11月由国务院批准成立，规划面积9.8平方公里。2006年6月，国务院批准在胶州湾北部扩大高新区面积9.95平方公里，由胶州湾北部园区（含新产业团地、新材料团地）、青岛高科技工业园、青岛新技术产业开发试验区、青岛科技街，以及市南软件园构成，形成了一区多园的发展格局，重点发展电子信息、生物制药、光电技术、海洋装备等高新技术产业，以及特色旅游、现代物流、金融保险、总部经济等

现代服务业。高新区高度重视重大海洋科学基础设施建设，已拥有了国家实验室、国家深潜基地、载人深潜器、海洋综合考察船。在技术创新方面，主要聚焦现代集成制造技术、制造工艺与生产管理信息化技术、模型化技术和仿真技术、数字化、智能化先进控制系统和仪表仪器技术（青岛高新技术产业开发区管委会，2017）。区内还集中海尔、海信、澳柯玛等高新技术企业的优势力量，以高等院校、科研院所为依托，以重大技术项目为核心，实现产、学、研联合创新。

潍坊位于山东半岛中部，潍坊高新区于1992年获批国家级高新技术产业开发区，面积为110平方公里。现已形成以电子信息、机械装备制造、生物医药、纺织服装、海洋化工等13个产业为主体的工业体系，涌现出潍柴集团、福田重工、晨鸣纸业、海化集团、得利斯食品、新郎西服、歌尔电声、中微光电子等国内相关领域的骨干企业。现已建成国家半导体照明工程高技术产业化基地和国家火炬计划潍坊动力机械、电声器件、光电产业特色基地。

淄博高新区位于淄博市张店区北部，于1992年11月由国务院批准设立国家级高新区，辖区面积为121.23平方公里。现有新材料、现代医药、精细化工、先进装备制造、电子信息和高技术服务业六大特色产业，建立了“国家新材料成果转化及产业化基地”、“国家火炬计划生物医药产业基地”、“国家火炬计划先进陶瓷特色产业基地”和“国家火炬计划功能玻璃特色产业基地”。

烟台高新区成立于2010年，经国务院批准为国家高新技术产业开发区，包括核心发展区、烟台高新区APEC（莱山）产业园、烟台高新区福山高新技术产业园、APEC中国烟台（芝罘）科技工业园、烟台卧龙经济园区等“一区四园”。重点发展海洋生物与医药、航空航天科技、电子信息等高端制造业和研发孵化、软件外包、总部经济、金融商务、文化创意等高端服务业

（烟台高新区管委会，2017）。在生物技术与医药、先进制造、新材料、海洋科学等多个领域形成了研发优势。

威海火炬高技术产业开发区是1991年3月6日经国务院批准成立的国家级高新技术产业开发区，是全国三个火炬高技术产业开发区之一，面积为140平方公里，海岸线为46.5公里，辖1个镇、3个街道。现已形成“563”发展格局，“5”就是医疗器械及医药、电子信息、时尚设计制造、新材料及制品、智能装备五大产业集群；“6”就是打造医疗器械、扫描及打印终端设备、创意与工业设计、碳纤维及复合材料、激光装备、军民融合六大产品基地；“3”就是构建研发创新、公共服务、产学研合作三大科技平台（威海高新区管委会，2017）。城内建设了威海医疗器械及生物医药产业园、威海电子信息与智能制造产业园、科技创新园三大园区。

六、辽宁沈大

辽宁沈大指沈阳、大连两个城市。1991年3月，国务院批准大连高新区为国家级高新技术产业园区，1993年4月，国务院批准沈阳高新区为国家级经济技术开发区。2016年4月，国务院批准设立由沈阳高新区和大连高新区组成的辽宁沈大国家自主创新示范区，促进涌现更多创新活跃、特色突出的升级发展新“尖兵”。其中，沈阳片区依托沈阳高新区和拓展区域（沈阳国家大学科技城、浑南国际新兴产业园、泗水科技城、和平长白岛经济区、中德沈阳装备园）进行创建，规划面积225平方公里。大连高新区位于大连市区西南部，占地153平方公里，海岸线长41.6公里。

沈阳高新区已经形成以信息技术、智能制造、生物医药为主导，健康医疗、民用航空、新能源汽车、现代建设、电子商务、新材料等新兴产业竞相发展的现代产业体系。建成软件及系统集成、机器人、数字医疗设备、IC装备等一批全国重要高新技术产业化基地，现有新松、东软、拓荆科技等较为

知名的高新技术企业。

大连高新区规划建设有大连软件园、七贤岭现代服务业核心功能区、河口国际软件园、黄泥川·天地软件园和华信软件园等多个专业软件园，发展以软件和信息技术服务外包为主导，以网络及电子商务、动漫游及文化创业、生命科学、工业设计、新材料和新能源、智能制造、科技金融为特色的现代服务业。目前软件和服务外包产业呈高端化、规模化、集群化发展，产业实力、规模和创新能力走在全国前列。

七、福建福厦泉

2016年6月，经国务院批复同意福州高新区、厦门高新区、泉州高新区建设国家自主创新示范区。泉州经济技术开发区全区规划范围包括清濛园区9.5平方公里、国家级泉州出口加工区3平方公里、泉州特种汽车基地4.5平方公里、官桥园区15平方公里。

福州高新区是1991年经国务院批准成立的第一批国家级高新区之一，实行“一区多园”的管理模式，下辖海西高新技术产业园、生物医药和机电产业园以及洪山、仓山、马尾和福州软件园六个园区，并于2013年7月开始托管闽侯县南屿镇和上街镇五个村，整合后的福州高新区总面积约193.07平方公里（其中规划建设面积约66平方公里）。现已初步形成以新一代信息技术产业为特色主导，以装备制造、生物技术、新材料产业为培育重点，以现代服务业为支撑的“131”产业发展格局，已拥有国家名牌产品3个，驰名商标3个，各类上市企业34家，以华映科技、星网锐捷、新大陆等龙头企业为引领，全力推动高新技术产业发展（福州高新技术开发区管委会，2009；致公党中央调研组，2016）。

厦门火炬高新区于1991年3月被国务院批准为首批国家级高新区，是全国三个以“火炬”冠名的国家高新区之一。目前有厦门留学人员创业园、火炬园、火炬（翔安）产业区、同集园、软件园、信息光电园、富士康海沧火炬工业园、北大生物园。高新区着力发展平板显示、计算机与通信设备、电力电器、软件与信息服务、微电子与集成电路、LED 六大重点产业，以及生物医药、新材料、新能源、文化创意等新兴特色产业。厦门火炬高新区光电显示产业是全国唯一的光电显示产业集群试点，现已吸引了 100 多家光电及相关配套企业，包括友达光电、宸鸿科技、冠捷显示、乾照光电、晶宇光电等数十家知名光电企业，形成了平板显示、光照明（包括节能照明电器和 LED 照明）、太阳能光伏、光通信、现代光学元器件五大板块，培育了 5 家百亿企业（郭伟，2012）。

泉州经济技术开发区在 2010 年 6 月升级为国家级高新技术开发区，开发区微波通信产业集群为国家创新基金的首个产业集群试点、首批创新型产业集群试点之一，南安光电信息产业基地被科技部授予“国家光电信息高新技术产业化基地”和“海峡两岸科技产业合作基地”（谢开飞等，2012）。开发区现已形成纺织鞋服、电子信息、机械制造、医药食品四个主导产业。

八、安徽合芜蚌

根据中央关于建设创新型国家的战略部署，2008 年，安徽省启动建设合芜蚌自主创新综合试验区。2009 年，经国务院批准，科技部等国家部委同意推进建设合芜蚌自主创新综合试验区。2016 年 6 月 16 日，国务院印发《关于同意合芜蚌国家高新区建设国家自主创新示范区的批复》（国函〔2016〕107 号）。批复要求集成推进合芜蚌国家高新区建设国家自主创新示范区各项工作（安徽省科技厅，2017）。

合肥高新区是 1991 年国务院首批设立的国家级高新区，面积为 128 平方公里。合肥高新区现已集聚形成智能家电、汽车及配套、新一代信息技术、光伏新能源、应急、生物医药、节能环保等高新技术产业集群，获批建设国家应急产业示范基地、省智能语音、集成电路、生物医药集聚发展基地等省级以上新兴产业基地。园区高新技术企业迅速聚集，培育了科大讯飞、四创电子、安科生物、阳光电源、国盾量子等知名企业，引进了格力电器、美的电器、惠而浦（中国）、大陆轮胎、长安汽车、晶澳、美国3M、日本NSK、新华三集团等龙头企业，一大批企业的技术水平处于行业领先水平。合肥综合性国家科学中心的七大创新平台中，超导核聚变中心、国家量子信息实验室、天地一体化合肥信息网络中心、分布式智慧能源集成创新中心、离子医学中心五大平台先后入驻。

芜湖高新技术产业开发区是1991年经安徽省政府批准成立的，2006年4月通过国家发改委、国土资源部、建设部审核的省级高新区，2010年10月国务院正式批准芜湖高新区升级为国家高新技术产业开发区。芜湖高新区重点发展的产业为汽车及汽车零部件、电子信息、节能环保、服务外包、材料、电子电器。在汽车及汽车零部件产业方面，以奇瑞为龙头，集聚了50多家汽车关键零部件企业，形成了以汽车研发、生产为主体，集物流、销售、展示、汽车服务、汽车文化为一体的汽车产业群。其中，在核心零部件的开发上，奇瑞新能源项目掌握了混合动力汽车和纯电动汽车所有核心零部件的关键技术，组建了系统控制、电驱动系统和电池系统的专业实验室，并申请了数百项专利。在电子信息产业的发展上，以中航华东光电、国家级特种显示器研究中心、合肥工业大学光电研究院和华夏科技园系列光电子为基础，重点发展光电子元器件、光机电、微波元器件、导电玻璃产业，已有20多家骨干企业。在节能环保制造业的发展上，以海螺集团与日本川崎重工合资项目——海螺余热发电成套设备制造和明远薄膜太阳能电池为龙头，重点发展余热发电、垃圾焚烧、污水处理、高效粉磨、智能输变电、节能锅炉、节能电机设备制造等。着力推进太阳能基础材料、太阳能应用电气设备等产业的发展。在服务外包产业的发展上，依托芜湖市服务外包产业基地，已经引进了和瑞科教投资、佳景科技、问天量子科技、准信科技、坤玛网络等多家服务外包企业。芜湖服务外包产业园区致力于发展科技研发、工业设计与创意、软件、信息科技、物联网等产业。此外，装备制造、生物医药、光伏光电等新兴产业以及金融、文化创意等服务业发展势头良好。

蚌埠高新区于1994年4月成立，1995年5月启动建设，2010年11月被国务院批准为国家高新技术产业开发区，现在总体规划用地面积136平方公里。蚌埠高新区现已形成了以硅基新材料、电子信息、高端装备制造三大产业为主，新型显示（LED、OLED）、生物医药、电子商务等新兴产业和现代服务业齐头并进的“3 + N”产业发展体系。以凯盛光伏新材料、豪威科技电子显示白板、方兴科技、国显科技、华益导电膜等企业为龙头的硅基新材料产业在2015年获批安徽省首批战略性新兴产业集聚发展基地，以大富工业智能机器人、中建材的埃蒙特机器人、中科电力的智能大型变压器、柳工的起重机和多功能高空作业车、中集安瑞科的压缩机等为代表的高端智能装备制造产业集群在全国具有一定的影响力，以中电41所、中电科仪器仪表产业园、德豪光电、雷士照明、双环电子为代表的特色电子产业集群正形成加速集聚的发展态势。区内拥有以昊方机电为代表的全国最大的汽车空调电磁离合器生产基地，以中电科41所为代表的全国最大的养殖孵化机生产基地以及以华益公司为代表的世界最大的ITO导电膜玻璃生产基地，以国威、德国曼胡默尔昊业、台资凤凰滤清器为代表的全国最大的滤清器生产基地。安瑞科压缩机CNG加气站市场占有率全国第一，环球药业自主研制的国家一类新药盐酸安妥沙星是我国第一个具有完全知识产权的喹诺酮类抗感染药物，也是安徽人首次命名的药物。

国家自主创新示范区战略性新兴产业发展重点如表3－5所示。

表 3－5 国家自主创新示范区战略性新兴产业发展重点一览

地区	节能环保产业	新一代信息技术产业	生物产业	高端装备制造产业	新能源产业	新能源汽车产业	新材料产业	文化创意	现代服务业
1. 北京中关村	√	√	√	√	√		√		
2. 武汉东湖	√	√	√	√					
3. 上海张江	√	√	√		√				
4. 深圳市		√	√		√		√	√	
5. 江苏苏南		√	√		√		√	√	
6. 湖南长株潭	√	√	√		√		√		
7. 天津滨海		√	√	√	√				
8. 成都高新	√	√	√	√					√
9. 西安高新	√	√	√				√		√
10. 杭州高新		√	√				√		
11. 广东珠三角	√	√	√	√	√	√		√	√
12. 河南郑洛新	√	√	√		√		√		
13. 山东半岛		√	√	√			√		√
14. 辽宁沈大		√	√	√	√	√	√		√
15. 福建福厦泉		√	√	√	√		√	√	
16. 安徽合芜蚌	√	√	√	√	√	√			
17. 重庆高新		√	√	√			√		√

资料来源：各自创区门户网站。

［参考文献］

［1］中关村科技园．中关村国家自主创新示范区发展规划纲要（2011－2020年）［N］．科技日报，2011－03－03.

［2］高珊珊．基于行动导向的园区更新规划——以中关村老产业基地更新规划为例［A］//中国城市规划学会．城乡治理与规划改革——2014 中国城市规划年会论文集［C］．北京：中国建筑工业出版社，2014.

［3］中关村科技园区管理委员会．中关村年鉴 2016［M］．北京：北京

出版社，2017.

［4］武汉东湖高新技术管委会．光谷名片［EB/OL］．http：//www. wehdz. gov. cn/kfq. htm，2017－09－23.

［5］杨亚琴．张江创新发展的思考——来自中国的案例［J］. 社会科学，2015（8）：31－39.

［6］鲍书晨．上海“全球科创中心”建设为浦东张江带来的利好和挑战［J］. 科技经济市场，2015（9）：53－54.

［7］上海市张江高新技术开发区．张江示范区区域概况［EB/OL］．http：//www. zjsfq. gov. cn/zh－CN/94580d83c3794de890b7fdec42390ebe，(2017－08－09) 2017－09－23.

［8］《科技日报》天津记者站．天津滨海高新区：全力打造未来科技城［N］．科技日本，2012－07－06.

［9］国家发展改革委员会．中国资源综合利用年度报告（2014）［J］. 再生资源与循环经济，2014（10）：3－8.

［10］中国工程科技发展战略研究院．2017 中国战略性新兴产业发展报告［M］．北京：科学出版社，2016.

［11］成都高新区管委会．成都高新区建设国家自主创新示范区和天府国际空港新城　全力打造国际创新创业中心［EB/OL］．http：//www. cdht. gov. cn/ljgxgxgk/index. jhtml，2017－09－16.

［12］郭曼．西安高新区：加速产学研融合推进大众创新创业［J］. 中国科技产业，2015（8）：58－60.

［13］科技部．西安国家自主创新示范区［EB/OL］．http：//www. most. gov. cn/ztzl/qgkjgzhy/2016/2016jlcl/2016jlzxcx/201601/t20160111_123554. htm，(2016－01－11) 2017－09－16.

［14］杭州高新技术开发区．市场引领创新驱动全力打造发展战略性新

兴产业的核心载体［A］//2011 全国科技工作会议论文集［C］．北京：科技部，2011.

［15］张越．我国可穿戴设备产业现状[J]. 中国信息化，2014（17）：14－15.

［16］宦建新，余小平．天堂硅谷：国家高新区转型升级“杭州样本”［N］．科技日报，2012－07－06.

［17］大连高新区管委会．园区概况［EB/OL］．http：//www. ddport. com/yqgk/gk/content. html；jsessionid =FFF5F6054975C4F58354AA3508B88BDE，2017－09－23.

［18］重庆高新技术开发区管委会．高新区简介［EB/OL］．http：//www. cqgxq. gov. cn/gxyx/9/，2017－09－23.

［19］深圳政府在线．走进深圳［EB/OL］．http：//www. sz. gov. cn/cn/zjsz/fwts_ 1_ 3/zdcy/zlxxcy/，2017－09－23.

［20］江苏省生产力促进中心．示范区简介［EB/OL］．http：//s－park. org. cn/aboutus. asp？classid =2，2017－09－23.

［21］南京高新技术开发区管委会．今日高新［EB/OL］．http：//www. njnhz. gov. cn/，2017－09－23.

［22］苏州高新区管委会．区域概况［EB/OL］．http：//www. snd. gov. cn/snd/qygk/moreinfo. htm，2017－09－23.

［23］常州高新区党政办．区域概况［EB/OL］．http：//www. czxd. gov. cn/html/cznd/2016/EFBDILKI_ 0315/32972. html，（2017－02－27）2017－09－24.

［24］科技部．昆山高新区［EB/OL］．http：//www. most. gov. cn/，（2015－01－10）2017－09－24.

［25］折然君．小城大视野 江阴大作为——江阴高新区掀起新一轮创

新驱动先行先试的发展热潮[J]. 中国高新区，2016（3）：78－82.

［26］王德禄．移动互联网产业发展分析[J]. 中国高新区，2013（1）：26－31.

［27］武进国家高新区管委会．公司简介［EB/OL］. http：//wiz. robot－china. com/introduce/，2017－09－24.

［28］镇江新区管委会．新区概览［EB/OL］. http：//www. zjna. gov. cn/zjxqgb/xqgl/xqjj/index. html，2017－09－24.

［29］长沙高新区管委会．高新概况［EB/OL］. http：//www. cshtz. gov. cn/col/col21/index. html，2017－09－25.

［30］谢高进．以改革为动力　靠创新求发展[J]. 中国科技产业，2005（8）：37－39.

［31］徐充，姜宏．通过高新区发展战略性新兴产业的思考[J]. 经济纵横，2011（5）：32－35.

［32］湘潭高新技术产业开发区管委会．园区简介［EB/OL］. http：//www. xtctp. com/2408. shtml，（2017－04－10）2017－09－25.

［33］科技部．珠三角国家自主创新示范区［EB/OL］. http：//www. most. gov. cn/，（2016－01－11）2017－09－25.

［34］钟永恒．战略性新兴产业技术分析报告［M］. 北京：科学出版社，2014.

［35］珠海国家高新技术产业开发区管委会．高新概况［EB/OL］. https：//www. zhuhai－hitech. gov. cn/zjgx/gxgk/，2017－09－25.

［36］佛山国家高新技术产业开发区管委会．佛山国家高新区简介［EB/OL］. http：//www. fs－hitech. gov. cn/info/201706/t20170615_6216502. html，（2017－06－15）2017－09－25.

［37］惠州仲恺高新技术产业开发区管委会．园区简介［EB/OL］. ht-

tp：//www. hzzk. cn/，2017－09－25.

［38］国家中山火炬高技术产业开发区管委会．产业园区［EB/OL］．http：//www. zstorch. gov. cn/main/inv/，2017－09－25.

［39］肇庆国家高新区管委会．高新概况［EB/OL］．http：//www. zqgx. gov. cn/，2017－09－25.

［40］刘合群．郑州高新技术开发区产业集群创新研究［J］．产业与科技论坛，2014（10）：37－38.

［41］郑州高新区管委会．郑州国家高新技术产业开发区园区简介［EB/OL］．http：//henan. zhaoshang. net/yuanqu/detail/3536/intro，2017－09－20.

［42］河南省科技厅．洛阳片区介绍［EB/OL］．http：//zlx. hnkjt. gov. cn/2016/12/03/1480759421507. html，2017－09－20.

［43］河南省科技厅．新乡片区介绍［EB/OL］．http：//zlx. hnkjt. gov. cn/2016/12/03/1480759784195. html，2017－09－20.

［44］科技部．山东半岛国家自主创新示范区建设加快推进［EB/OL］．http：//www. most. gov. cn/dfkj/sd/zxdt/201701/t20170113_130479. htm，（2017－01－16）2017－09－25.

［45］济南高新技术产业开发区管委会．创新高地　成就梦想——济南高新技术产业开发区［EB/OL］．http：//www. jctp. gov. cn/html/zsyz/gxgk/，2017－09－25.

［46］青岛高新技术产业开发区管委会．青岛高新技术产业开发示范区［EB/OL］．http：//www. qdhitech. gov. cn/，2017－09－25.

［47］淄博高新区管委会．高新区简介——淄博国家高新技术产业开发区［EB/OL］．http：//www. china－zibo. com/yqgk/gxqjj/，2017－09－29.

［48］王颜红，王友军．淄博市经济园区转型升级研究［J］．经济论坛，2014（9）：66－69.

[49] 方玉婵．激情孵化梦想　创新成就未来——烟台市政协副主席、烟台高新区工委书记刘洪波访谈[J]. 中国高新区，2013（12）：2－4.

[50] 烟台高新区管委会．烟台高新技术产业开发区简介［EB/OL］. http：//www. ytgxq. gov. cn/system/2012/12/21/010026957. shtml，2017－09－29.

[51] 毕秋军等．烟台的生物医药产业暨园区建设［A］//第二届全国健康科技高层论坛暨新特药博览会［C］. 北京：科技部，2010.

[52] 彭燕飞．科技蓝海崛起创新之城——烟台国家高新区“二次创业”五周年发展纪实[J]. 中国高新区，2013（12）：2－3.

[53] 邱均华等．威风祥麟　海纳百川——威海高新区在创新创业大潮中破浪前行[J]. 中国高新区，2016（3）：2－4.

[54] 威海高新区管委会．园区概况［EB/OL］. http：//www. whctp. gov. cn/ ，2017－09－29.

[55] 福州高新技术开发区管委会．福州高新技术产业开发区简介［EB/OL］. http：//fzgxq. fuzhou. gov. cn/xjwz/gxgk/yqjj/200908/t20090827_948953. htm，（2009－08－27）2017－09－16.

[56] 致公党中央调研组．对福建省创建福厦泉国家自主创新示范区的研究[J]. 中国发展，2016（1）：1－6.

[57] 郭伟．厦门火炬高新区产业集聚的创新高地[J]. 中国高新区，2012（11）：38－44.

[58] 张建琛，郭伟．高扬创新之帆　引领产业发展［N］. 科技日报，2012－12－13.

[59] 谢开飞，黄建团，邓新广等．泉州国家高新区：“创新引擎”给力“二次创业”［N］. 科技日报，2012－07－06.

[60] 安徽省科技厅．合芜蚌国家自主创新示范区建设实施方案解读［EB/OL］. http：//xxgk. ah. gov. cn/UserData/DocHtml/731/2016/12/20/460636685445.

html,（2016－12－20）2017－09－20.

［61］合肥高新区管委会．园区简介［EB/OL］．http：//www. hefei－stip. com. cn/，（2017－07－08）2017－09－08.

［62］蚌埠高新区管委会．高新概况［EB/OL］．http：//www. bbhnz. gov. cn/web/Content. aspx？chn＝333&id＝17，2017－09－21.

第四章　国家自主创新示范区要素禀赋分析

第一节　要素及要素的流动性

要素是指影响经济发展的各种社会资源，是维系经济运行及市场主体经营所必须具备的基本因素。要素禀赋是指这些要素的存在状况，它是一个动态的概念。有关要素禀赋在经济活动中的作用，从 Adam Smith 和 David Ricardo 等古典经济学家开始就给予了高度关注。Smith（1776）首先非常关注地理条件特征和自然要素禀赋的作用，在他看来，一个人分工的选择受到其所在的地理区位影响；对于区域经济会在什么地方率先获得发展，Smith 特别强调了水运的作用，认为良好的水运资源对于区域市场的形成至关重要；对于资本，Smith 既分析了资本对于经济增长的作用，更加强调了资本的动态累积特征。Ricardo（1817）强调了要素禀赋的比较优势，他在 Smith 的绝对优势理论基础上，提出了比较优势理论。瑞典经济学家 Eli F. Heckscher 和 Bertil Gotthard Ohlin（1933）则是最早系统地提出要素禀赋理论的，该理论主要是从要素禀赋差异的角度探讨国际贸易的起因及影响。他们认为，直

观地看，自然条件、地理位置和历史发展等诸多因素，都可以成为各国要素禀赋差异的来源。在分析要素的流动性时，他们提出在一国内部，劳动和资本倾向于从某些低收入地区、行业流向高收入地区、行业，直至各地区、各行业的同种要素报酬相同，这种流动才会停止。Paul A. Samuelson（1949）等学者基于该理论论证了自由贸易将导致要素价格均等化，而后该理论的研究范式也被用于研究区域经济的发展。Edgar M. Hoover 和 Frank Giarratani（1970）在分析构成复杂的经济活动区位模式和区域经济学大部分主要问题的三大基石时提出，用更一般或更精确的经济理论术语来说，我们可以把土地和其他生产要素的完全的或部分的不流动性作为解决“何事在何地”问题的一个关键。这种不流动性是各类实行生产和贸易专业化的区域享有比较优势的核心所在。Hoover 和 Giarratani 所说的土地和其他生产要素的完全的或部分的不流动性是指这类具有比较优势的生产要素在某地“锁定”后可以成为该地实行专业化生产的基础。美国著名的管理学家 Porter（1990）将要素分为自然资源、人力资源、基础设施、知识资源、资本资源，他还把自然资源、人口数、气候、地理位置称为基础因素，把文化水平高的劳动力、创新能力、基础设施称为高层次因素。他认为，生产要素中的人力资源、知识和资本是可以在各国间流动的。

关于要素的分类，Samuelson（1949）认为，劳动和土地（后者包括一般自然资源）属于初级生产要素，资本是高级生产要素。Porter（1990）认为，初级生产要素包括：天然资源、气候、地理位置、非技术人工与半技术人工、融资等；高级生产要素包括：现代化通信的基础设施、高等教育人力（如电脑科学家和工程师）以及各大学研究所等。此外，他认为还可以根据生产要素的专业程度，把它们分为一般性生产要素和专业型生产要素。一般性生产要素包括：公路系统、融资、受过大学教育而且上进心强的员工，它们可以被用在任何一种产业上。而专业型生产要素则限制为技术型人力、先进的基础设施、专业知识领域及其他定义更明确且针对单一产业的因素。经济地理学在研究区域经济发展时将影响区域经济和产业分布的要素分为两大类：自然要素和非自然要素。自然要素是人类可以利用的、自然生成的物质与能量，它是人类生存的物质基础。非自然要素包括社会、经济、技术、文化、制度等方面的要素。郝寿义（2007）认为，从短期看，矿藏等自然资源和地形地貌都难以改变或者不能改变，我们可以将其视为既定的，而除了这些自然性要素外，几乎所有的要素都处于明显的动态变化中，这种变化不仅在时间维度上有所体现，更能够体现在空间维度上的累加效应。国家自主创新示范区从建设国家级高新区开始（甚至更早），非自然要素禀赋正在逐渐发生变化，并在区域经济发展中产生一种“锁定”的效应和自我强化作用，因此，有必要对国家自主创新示范区要素禀赋进行详细分析。

第二节　国家自主创新示范区自然要素分析

自然要素即自然资源，有关自然资源的定义有多种。《不列颠国际大百科事典》中对自然资源的定义为：“人类可以利用的、自然生成的及其生成源泉的环境能力。前者为土地、水、大气、岩石、矿物、生物及其积聚的森林、草场、矿床、陆地和海洋等；后者为太阳能、地球物理的循环机能（气象、海象、水文、地理的现象）、生态学的循环机能（植物的光合作用、生物的食物链、微生物的腐败分解作用等）、地球化学的循环机能（地热现象、化石燃料、非燃料矿物生成作用等）。”联合国环境规划署（UNEP）下的定义为：“所谓资源，特别是自然资源，是指在一定时间、地点、条件下能够产生经济价值的，以提高人类当前和将来福利的自然环境和条件。”《辞海》

对自然资源的定义为：指天然存在的（不包括人类加工制造的原材料）并有利用价值的自然物，如土地、矿藏、水力、生物、气候、海洋等资源，是生产的原料来源和布局场所。

根据上述定义可以发现自然资源的种类也是多种多样的，由于不同种类、不同规模的自然资源对区域经济发展的影响是不同的，本章参照《中国统计年鉴》对自然资源指标的选取，重点分析国家自主创新示范区占地面积、地理位置（沿海、江、河、边）、石油、天然气、煤炭、矿藏、人均水资源等指标（见表4－1）。

表4－1　国家自主创新示范区主要自然资源一览

地区	占地面积（平方公里）（排名）	地理位置：沿海，沿江、河，沿边	石油（万吨）（排名）	天然气（亿立方米）（排名）	煤炭（亿吨）（排名）	矿藏（万吨）（排名）	人均水资源量（立方米/人）（排名）
1. 北京中关村	488（9）		（9）	（10）	3.9（5）	15000（12）	124（16）
2. 武汉东湖	518（8）	沿江	（9）	（10）	（7）	46934.18（5）	1740.9（6）
3. 上海张江	531（7）	沿海、沿江	（9）	（10）	（7）	（15）	264.8（13）
4. 深圳市	1997.3（1）	沿海、沿江	（9）	（10）	（7）	（15）	162.5（15）
5. 江苏苏南	1489.2（3）	沿江	2906.9（5）	23.2（6）	（7）	18859.4（11）	730.5（10）
6. 湖南长珠潭	221.79（13）		（9）	（10）	（7）	26218.2（10）	2839.1（2）
7. 天津滨海	97.96（16）	沿海	3005.6（4）	274.3（3）	（7）	10（14）	83.6（17）
8. 成都高新	613（5）		（9）	16.77（7）	1.46（6）	986200（1）	2717.2（3）
9. 西安高新	200（15）		（9）	（10）	（7）	41639.9（6）	881.1（9）
10. 杭州高新	252.2（12）		（9）	（10）	（7）	（15）	2547.5（4）
11. 广东珠三角	1564.33（2）	沿江、沿海	13.7（8）	0.5（8）	（7）	28370.9（9）	1792.4（5）
12. 河南郑洛新	219（14）	沿河	4631.1（3）	72.2（5）	（7）	34598（8）	303.7（12）
13. 山东半岛	620.37（4）	沿河、沿海	31123.5（1）	342.4（2）	（7）	108178.8（3）	171.5（14）
14. 辽宁沈大	597（6）	沿河、沿海	15052.8（2）	149.9（4）	26.8（2）	615318.1（2）	408.1（11）
15. 福建福厦泉	339.67（11）	沿海	（9）	（10）	4.1（4）	37618.6（7）	3468.7（1）
16. 安徽合芜蚌	442（10）	沿江	247（7）	0.3（9）	84（1）	103977.7（4）	1495.3（8）
17. 重庆高新	74.3（17）	沿江	267.1（6）	2641.8（1）	17.6（3）	11288.8（13）	1518.7（7）

注：表中所列各自创区占地面积来自各自创区门户网站；石油、天然气、煤炭、矿藏、人均水资源数据取自《中国统计年鉴》（2016）中各自创区所在省份数据；表中所指江、河以《中国统计年鉴》中所列主要河流：长江、黄河、松花江、辽河、珠江、海河、淮河为据。城市群类自创区若所组成城市中有沿江、河、海、边，则确定该自创区沿江、河、海、边，城中开发区类自创区以所在城市地理位置为据。

从表4－1中可以看出，占地面积排在前五名的自创区是深圳、珠三角、苏南、山东半岛、成都高新区，其中，前四名为整体城市类和城市群类自创区，城中开发区类自创区除成都高新区排在第五名，其他排名均靠后。这是因为国家自创区基本是在原国家高新区建设基础上遴选出来的（深圳除外），国家高新区均为所在城市的开发区，虽然不同城市高新区规划面积大小不一，但都只是所在城市的很小一部分，作为“试验田”开发。城市群类自创区的占地面积由所组成城市高新区面积相加而成，因而普遍大于单一的城中开发区类自创区。

从地理位置来看，17家自创区分布于17个不同的省市。除北京中关村、湖南长株潭、成都高新、西安高新、杭州高新外，其他的自创区或沿江或沿河或沿海。沿江、河、海地区传统上盛行商业、航海业和手工业，在区域经济中可以发挥点轴作用，带动区域的发展，一般来说，这些地区经济发展快于其他地区。

表4－1中所列石油、天然气、煤炭、矿藏、人均水资源数据为各自创区所在省市数据，自创区所在省市石油储藏量排在前五名的是山东、辽宁、河南、天津、江苏，重庆、安徽、广东石油储藏量较低，北京、武汉、上海、深圳、湖南、成都、西安、杭州、福建等省市无石油储藏；自创区所在省市天然气储藏量相对较高的是重庆、山东、天津、辽宁，相对较低的是河南、江苏、成都、广东、安徽，其他八家自创区无天然气资源，占自创区总数一半以上；自创区所在省市拥有煤炭的是安徽、辽宁、重庆、福建、北京、成都六省市，其他无煤炭资源的自创区占自创区总数的64.7%；自创区所在省市矿藏资源较丰裕的有成都、辽宁、山东、安徽、武汉、西安、福建、河南、广东、湖南、江苏、北京、重庆，天津矿藏资源储藏量相对较低，上海、深圳、杭州等地基本无矿藏资源，占自创区总数的17.6%；自创区所在省市人均水资源量超过全国人均水资源量2039.2立方米/人的有福

建、湖南、成都，其他自创区所在省市人均水资源量均低于全国平均数，天津人均水资源量更低至100立方米/人以下（《中国统计年鉴（2016）》）。

一个地区不同种类自然资源的丰裕度是该地区产业形成发展的自然物质基础。最早的产业分布，完全是以自然资源的地区差异为基础的。产业革命初期，近代工业主要接近煤铁资源产地，随着加工工业的发展和交通运输条件的改善，有些工厂远离了燃料、原材料产地，接近了消费区和交通枢纽。但是，它所使用的燃料、原料也都是其他地区的工业自然资源。随着科学技术的不断进步，人类已进入知识经济社会，人类对自然资源的直接依赖程度有所减弱，将会不断地出现一些新能源和新材料，对二次以上的能源和工业资源的利用会不断加强，也会使生产更远离燃料地和原料地。国家自主创新示范区是培育和发展战略性新兴产业的策源地，其所开发和使用的是新能源、新材料，而石油、天然气、矿藏资源的丰裕度更多的是影响传统能源基地、传统产业在该地区的分布。水资源则对传统产业和新兴产业的分布均有影响。总之，自然资源构成初级生产要素，初级生产要素是被动继承的，或只需要简单的私人及社会投资就能拥有，随着产业的升级换代，这类生产要素的重要性已越来越低，到经济进入创新导向阶段时，这类生产要素已不是生产中的主导要素，但仍是区域要素禀赋的基础因素。

第三节　国家自主创新示范区非自然要素分析

一、基础设施建设分析

基础设施是指为社会生产和居民生活提供公共服务的物质工程设施，是用于保证国家或地区社会经济活动正常进行的公共服务系统。它是社会赖以生存发展的一般物质条件。基础设施是不能流动的，但它们中有些是可以增值的，如土地与建筑。

基础设施是建设而成的，其形成特点有两个：一个是耗时长。在具有一定的水、陆、空运输能力和基本的社会生活基础设施的区域，要建成完善的复合型快速交通走廊和现代化的基础设施，一般需 6 ~ 8 年。若该区域为新开发区域，要建成完善的现代化基础设施则需 20 年以上。另一个是受区域整体规划影响。如城际轨道交通涉及相邻的几个城市，只有在这几个城市规划协调后才有可能建成。

国家自主创新示范区基础设施建设直接影响到其发展战略性新兴产业的区位条件，特别是现代化基础设施的完善程度尤为重要。现代化的基础设施的规划建设，将使这些地区的经济价值大增，区位条件变得优越。如现代化的交通枢纽设施的建设，“可以源源不断地为城市带来利益，但是它最重要的贡献就是在经济增长使新城市的出现成为必然的关键时刻，使城市所在区位相对于其他地方处于优势地位”（Masahisa Fujita，Paul R. Krugman，Anthony J. Venables，1999）。互联网、移动网络设施的建设，会使这些区域与外界的联系日益便利，能够在较短的时间捕捉到最新的市场信息；学校、医院的修建会使人们在这些区域安居乐业，从而增加这些地区对人才的吸引力。在现代化基础设施较为完善的地区，即或如石油、煤炭、矿藏等自然资源短缺甚至是严重短缺，也能发展成为发达的经济区域。

国家自创区分为城中开发区、城市群、整体城市三大类，各自创区大规模整体规划进行基础设施建设基本始自于其获批为国家级高新区之时，其中，城中开发区类建设高新区历史均在 20 年以上，城市群类中心城市建设高新区历史亦在 20 年以上，卫星城市 60% 以上建设高新区历史在 10 年以上，整体城市类目前只有深圳一家为自创区，而深圳作为经济特区整体规划

建设基础设施已达38年之久（见表4-2、表4-3）。

表4-2　城中开发区类自创区国家级高新区建设年限

自创区名称	国家级高新区批复时间（年）	自创区批复时间（年）	连续建设年限（至2016年）（年）
北京中关村	1988	2009	28
武汉东湖	1991	2009	25
上海张江	1992	2011	24
天津滨海	1991	2015	25
成都高新	1991	2015	25
西安高新	1991	2016	25
杭州高新	1991	2015	25
辽宁沈大		2016	
其中：沈阳	1993		23
大连	1991		25
重庆高新	1991	2016	25

资料来源：各自创区门户网站。

表4-3　城市群类自创区国家级高新区建设年限

自创区名称	国家级高新区批复时间（年份）	自创区批复时间（年份）	连续建设年限（至2016年）（年份）
江苏苏南		2014	
其中：南京	1991		25
苏州	2002		14
无锡	1992		24
常州	1992		24
昆山	2010		6
江阴	2011		5
武进	2012		4
湖南长株潭		2014	
其中：长沙	1991		25
株洲	1992		24

续表

自创区名称	国家级高新区批复时间（年份）	自创区批复时间（年份）	连续建设年限（至2016年）（年份）
湘潭	2009		7
广东珠三角		2015	
其中：广州	1991		25
珠海	1992		24
佛山	1992		24
惠州仲恺	1992		24
东莞	2010		6
中山火炬	2005		11
肇庆	2010		6
河南郑洛新		2016	
其中：郑州	1991		25
洛阳	1992		24
新乡	2005		11
山东半岛		2016	
其中：济南	1991		25
青岛	1992		24
潍坊	1992		24
淄博	1992		24
烟台	2010		6
威海	1991		25
福建福厦泉		2016	
其中：福州	1991		25
厦门	1991		25
泉州	2010		6
安徽合芜蚌		2016	
其中：合肥	1996		20
芜湖	2010		6
蚌埠	2010		6

资料来源：各自创区门户网站。

为进一步对各自创区基础设施运营状况进行分析，现将自创区所在省市生产性基础设施和社会性基础设施主要指标列表，如表4－4所示。

表4-4　国家自主创新示范区所在省市基础设施运营情况一览

所在省市及城市群	公共交通客运总量（万人次）（排名）	客运量（万人）（排名）	货运量（万吨）（排名）	电话普及率（部/百人）（排名）	互联网普及率（%）（排名）	城市用水普及率（%）（排名）	城市燃气普及率（%）（排名）	中小学校数（所）（排名）	每万人医院床位数（床/万人）（排名）
北京	738384（1）	69924（2）	23236（17）	222.9（2）	76.5（1）	100（1）	100（1）	1642（10）	51.4（12）
武汉	200628（11）	27629（8）	48185（12）	172.85（3）	55.89（9）	98.83（10）	94.49（14）	952（15）	58.63（6）
上海	561650（3）	18571（15）	91239（4）	168（4）	73.1（2）	99.9（6）	100（1）	1554（11）	42（15）
深圳市	319080（6）	16651（17）	32475（14）	296（1）	72.4（3）	100（1）	100（1）	669（17）	29.68（17）
江苏苏南	373154（4）	63329（3）	76633（6）	124.95（8）	55.5（10）	99.83（7）	99.56（6）	2204（7）	51.86（11）
湖南长株潭	138321（15）	29484（7）	50932（10）	80.78（16）	39.9（15）	97.3（13）	92.28（16）	2127（8）	58.53（7）
天津	185813（13）	18345（16）	48779（11）	110.77（11）	63（7）	100（1）	100（1）	1178（13）	41.18（16）
成都	339328（5）	20687（14）	28566（16）	99.36（14）	40（14）	93.05（17）	92.46（15）	1017（14）	59.58（4）
西安	195241（12）	26904（9）	46270（13）	113.11（10）	50（11）	97.12（14）	94.73（13）	1656（9）	55.87（9）
杭州	164660（14）	23942（11）	29384（15）	158.05（6）	65.3（6）	99.95（4）	99.91（5）	761（16）	87.94（1）
广东珠三角	715410（2）	121657（1）	215388（1）	159.34（5）	72.4（3）	98.46（12）	97.6（9）	5351（1）	43.45（14）
河南郑洛新	118000（16）	35854（5）	58391（9）	90.16（15）	39.2（17）	93.1（16）	86.02（17）	3085（5）	66.1（3）
山东半岛	254507（8）	22593（13）	105938（2）	103.65（13）	48.9（12）	99.95（4）	99.37（7）	3117（4）	59.04（5）
辽宁沈大	218871（10）	31475（6）	63359（8）	121.53（9）	62.2（8）	98.84（9）	94.76（12）	1380（12）	71.56（2）
福建福厦泉	225201（9）	23024（12）	70600（7）	131.35（7）	69.6（5）	99.55（8）	98.56（8）	3324（3）	45.09（13）
安徽合芜蚌	106147（17）	25732（10）	83173（5）	80.21（17）	39.4（16）	98.79（11）	97.55（10）	2292（6）	53.43（10）
重庆	310167（7）	62282（4）	103833（3）	109.31（12）	48.3（13）	96.87（15）	95.34（11）	5076（2）	58.5（8）

资料来源：国家及各省市2016年统计年鉴。

表4－4中公共交通客运总量是基于城市公交线路、轻轨、地铁等基础设施要素的投入而形成的运力，北京、广东珠三角的公交客运总量远高于其他区域，上海名列第三，虽较北京、广东珠三角低一档，但远高于其他区域。这是因为这些地区是超大城市或是包含超大城市的城市群，这几个地区也是我国较早修建轻轨、地铁的区域，其中北京是我国最早修建地铁的超大城市；客运量、货运量是基于铁路、水运、航空等基础设施投入而形成的运力，其中，客运量、货运量排名第一的均为广东珠三角，并遥遥领先于其他区域，其客运量几乎是排名第二的北京的1倍，货运量几乎是排名第二的山东半岛的1倍。珠三角城市群之所以有比较好的基础设施是因为其组成城市地理位置多为沿海或临江，在对外对内贸易方面均具有地理优势，贸易的巨大利益拉动了当地政府对基础设施建设的投入。在交通运输方面，除了和其他自创区所在省市一样具有较为完善的公路运输、铁路运输、航空运输外，沿海临江自创区还具备较强的航运能力，总的运输能力自然大大强于其他地区。

表4－4中电话普及率100部/百人以上的地区有13家，占自创区总数的76.4%，电话普及率最低的地区安徽合芜蚌也达到了80.21部/百人，这说明自创区电话通信方式已广为普及；互联网普及率超过50.3%①的地区有10家，占自创区总数的58.8%；城市用水普及率，城市燃气普及率除个别地区外均达到90%以上；中小学校数排在前列的是珠三角、重庆、福厦泉、山东半岛、郑洛新、合芜蚌、苏南、长株潭，除重庆外，这些地区都是城市群，覆盖面积及居住人口显然大于单个城市，中小学校数多于单个城市，说明自创区所在省市基础教育资源没有明显的不均衡现象；每万人医院床位数显著

① 据中国互联网络信息中心2015年发布的第37次《中国互联网发展状况统计报告》称，中国网民规模达6.88亿，互联网普及率达50.3%。

高于其他地区的是杭州、辽宁沈大，显著低于其他地区的是深圳，其他地区数据较为接近。

总体来看，现有的国家自主创新示范区或为原国家级高新区升级，或为发展势头良好的整体城市，在成为自创区之前其所在省市的70%已进行了20多年的基础设施建设，成为自创区后，为适应战略性新兴产业的发展对基础设施的要求，各自创区所在省市相继规划建设绿色交通体系、城际轨道交通和更为先进的社会服务设施（国家发改委，2015）。这些现代化的运输网络使重点产业基地与中心城区、新城间城市公共交通日益便利，并具有智能化管理与服务水平，可形成网络完善、布局合理、运行高效的复合型快速交通走廊。在社会性、生活性设施方面，各自创区或周边地区基本已建成管理有序、服务完善、环境优美的和谐社区，其科技教育、医疗卫生、文化娱乐等生活性服务设施以及宽带、融合、安全的新一代通信网络基础设施和数字电视系统也一应俱全。因此，国家自主创新示范区社会性基础设施和生活性基础设施属于高级生产要素。

二、人力资源、资本资源、知识资源、制度资源分析

国家自主创新示范区非自然要素还包括人力资源、资本资源、知识资源、制度资源等，其中，人力资源和资本资源属于流动要素，这类要素可以通过流动而集聚，但不同种类的要素集聚速度不同。知识资源和制度资源属于无形资源，无形资源的载体可以集聚或建设，但它的内涵却是需要时间积淀的。人力资源指一定时期内组织中的人所拥有的能够被企业所用，且对价值创造起贡献作用的教育、能力、技能、经验、体力等的总称（鞠晓伟、赵树宽，2009）；资本资源是指投入生产中的生产资料和资金；知识资源是指可以反复利用的、建立在知识基础之上的、可以给社会带来财富增长的一类资源的总称，存在于大学、研究机构、政府统计部门、商业与科学期刊、市

场研究报告与资料库、行业协会及其他来源（郑秀恋、沙颖，2015）；制度最一般的含义是要求大家共同遵守的办事规程或行动准则，是实现某种功能和特定目标的社会组织乃至整个社会的一系列规范体系。制度资源主要包括宏观层面的国家制度和微观层面的企业制度两个方面。其中，国家制度层面指的是经济制度和经济政策（衡孝庆，2005）。根据上述对诸要素的描述，参考《中国统计年鉴》和《中国火炬统计年鉴》指标设置，选取年末从业人员数、大专以上学历人数、中高级职称人数、R&D 人员全时当量等指标描述人力资源状况；选取年末资产、科技活动经费内部支出、当年获得风险投资额等指标描述资本资源状况；选取科研院所、高校数、大学科技园、组织交易活动、组织技术转移培训等指标描述知识资源状况（组织交易活动指标统计的是知识产权的交易）；选取生产力促进中心数、对公共技术服务平台投资、服务企业数量、解决企业需求等指标描述制度效应带来的政府平台建设行为和服务行为。这些指标除年末从业人员、年末资产指标中包含有初级生产要素（如非技术人工与半技术人工、融资等）数据，其余指标均衡量的是高级生产要素，因此可以基本将其视为高级生产要素数据。现将国家自主创新示范区上述要素列表逐一分析。

从表 4 -5 中可以看到，人力资源各项指标均排在第一的是北京中关村，广东珠三角有三项指标均排在第二，中高级职称人数排在第五，江苏苏南除中高级职称人数排第七外，其余指标均排在第三，上海张江各项指标排第三或第四，山东半岛各项指标排第五或第六。一般来说，人力资源倾向于从工资率低的地方流向工资率高的地方，高端人力资源除了考虑工资率以外还会考虑职业生涯的发展和生活的舒适度。从人力资源各项指标的排名可以发现各自创区集聚的人才层次较为合理，从业总人数多，集聚的高层次人才也就多，北京作为首都，是我国政治、科技、文化中心，其特殊的地位和发展机会的预期，对各类人才具有很强的吸引力。广东珠三角、江苏苏南、上海张江、山东半岛环境舒适宜居，经济发展速度较快，创新创业机会较多，吸引了大批人才。总的来说，排在前面的是我国的龙头城市北京、上海或城市群，这说明北京、上海是各类人才择业的首选，城市群由于地域较大，容纳的人才较多。

表 4－5　国家自主创新示范区人力资源状况一览

地区	年末从业人员数（人）（排名）	大专以上学历人数（人）（排名）	中高级职称（人）（排名）	R&D 人员全时当量（人年）（排名）
1. 北京中关村	2308225（1）	1699898（1）	388238（1）	138391（1）
2. 武汉东湖	511934（6）	348740（6）	100027（4）	43087（8）
3. 上海张江	810692（4）	556830（4）	105930（3）	83471（4）
4. 深圳市	434108（8）	305154（8）	31216（14）	50665（6）
5. 江苏苏南	1314135（3）	577132（3）	80241（7）	84150（3）
6. 湖南长株潭	479328（7）	270933（9）	59819（8）	39587（9）
7. 天津滨海	375366（12）	236538（11）	37681（12）	21013（14）
8. 成都高新	377784（11）	242874（10）	44197（10）	27846（13）
9. 西安高新	399403（10）	315431（7）	130857（2）	32243（11）
10. 杭州高新	336564（13）	210638（13）	25054（15）	47442（7）
11. 广东珠三角	1403729（2）	585461（2）	88960（5）	116244（2）
12. 河南郑洛新	431411（9）	230665（12）	53017（9）	31730（12）
13. 山东半岛	797707（5）	446108（5）	83866（6）	67217（5）
14. 辽宁沈大	271115（16）	175105（14）	36824（13）	8288（17）
15. 福建福厦泉	300453（15）	129079（16）	21289（17）	19894（15）
16. 安徽合芜蚌	325406（14）	171301（15）	38614（11）	37234（10）
17. 重庆	209800（17）	89800（17）	21956（16）	10876（16）

资料来源：《中国火炬统计年鉴 2016》。

从表 4－6 中可以看到，北京中关村资本资源三项指标均排在第一，上海张江均排在第二，广东珠三角、江苏苏南排第三或第四，西安高新除当年获得风险投资排第 11 外，其余排第五。排在前列的这几家自创区资本资源明显领先于其他地区，西安高新在争取风险投资方面还应加强。资本资源是产业发展的基本要素之一，通过资本的投入可以创造高级生产要素。一般来说，资本倾向于从利润率低的地方流向利润率高的地方。

表4－6 国家自主创新示范区资本资源状况一览 单位：亿元

地区	年末资产（排名）	科技活动经费内部支出（排名）	当年获得风险投资额（排名）
1. 北京中关村	76214（1）	1582（1）	47.45（1）
2. 武汉东湖	11674（7）	275（9）	3.8（12）
3. 上海张江	20599（2）	762（2）	43.75（2）
4. 深圳市	8325（10）	344（6）	7.91（9）
5. 江苏苏南	17541（4）	413（4）	42.2（3）
6. 湖南长株潭	8962（9）	218（11）	2.23（15）
7. 天津滨海	9905（8）	205（12）	1.93（16）
8. 成都高新	7135（13）	148（14）	9.31（7）
9. 西安高新	15623（5）	363（5）	4.77（11）
10. 杭州高新	7150（12）	230（10）	15.94（5）
11. 广东珠三角	17988（3）	487（3）	34.93（4）
12. 河南郑洛新	6224（14）	288（8）	5.27（10）
13. 山东半岛	13772（6）	303（7）	8.36（8）
14. 辽宁沈大	5093（15）	91（15）	3.57（13）
15. 福建福厦泉	2979（16）	91（15）	11.68（6）
16. 安徽合芜蚌	8055（11）	196（13）	3.34（14）
17. 重庆高新	2561（17）	56（17）	1.23（17）

资料来源：《中国火炬统计年鉴2016》。

从表4－7中可以看到，没有各项知识资源指标均排在前列的自创区，各自创区有些指标靠前有些则居中或靠后，但总体来看，知识资源较为集聚

的地区仍然是北京、上海和城市群，如果说北京、上海是因其城市地位和发展历史集聚了较多的知识资源，城市群则是因其地域辽阔而积聚了较多的知识资源。

表4－7　国家自主创新示范区知识资源状况一览

地区	科研院所（个）（排名）	高校数（所）（排名）	大学科技园（个）（排名）	组织交易活动（次）（排名）	组织技术转移培训（次）（排名）
1. 北京中关村	79（8）	91（7）	15（1）	3779（1）	3779（2）
2. 武汉东湖	54（10）	82（10）	3（9）	478（11）	31066（3）
3. 上海张江	111（4）	67（12）	13（3）	704（7）	18670（8）
4. 深圳市	22（16）	12（17）	1（15）	173（15）	1139（17）
5. 江苏苏南	142（2）	162（1）	15（1）	1850（2）	23637（4）
6. 湖南长珠潭	108（5）	124（5）	2（11）	97（17）	2524（16）
7. 天津滨海	83（7）	55（15）	1（15）	516（10）	6550（13）
8. 成都高新	53（11）	56（14）	5（6）	475（12）	22754（5）
9. 西安高新	63（9）	69（11）	4（8）	753（6）	20133（7）
10. 杭州高新	28（14）	19（16）	6（4）	1211（3）	17321（10）
11. 广东珠三角	189（1）	143（2）	3（9）	828（5）	22717（6）
12. 河南郑洛新	47（12）	129（4）	2（11）	116（16）	5173（14）
13. 山东半岛	130（3）	143（2）	5（6）	1177（4）	42980（2）
14. 辽宁沈大	37（13）	84（9）	6（4）	631（8）	3983（15）
15. 福建福厦泉	100（6）	88（8）	2（11）	258（14）	10047（12）
16. 安徽合芜蚌	16（17）	119（6）	1（15）	533（9）	16237（11）
17. 重庆高新	27（15）	64（13）	2（11）	270（13）	17949（9）

资料来源：国家及各省份2016年统计年鉴和《中国火炬统计年鉴2016》。

政府的经济、科技等体制，政策、法律体系等，都对经济活动产生影响。Douglass Cecil North（1990）认为，“制度是个社会的游戏规则，更规范地讲，它们是为人们的相互关系而人为设定的一些制约”，他将制度分为三种类型即正式规则、非正式规则和这些规则的执行机制。正式规则又称正式制度，是指政府、国家或统治者等按照一定的目的和程序有意识创造的一系列的政治、经济规则及契约等法律法规。政府在经济活动中的主要作用是制定有关法律和条例、公共平台建设、公共服务。从表4-8中看到，17家自创区因制度创新而产生的政府平台建设行为和公共服务行为在经济生活起到了明显的推动作用，北京中关村、苏南、杭州各项指标均排在前列，说明这三家自创区制度创新在经济生活中所起的作用大于其他自创区。

表4-8　国家自主创新示范区制度创新活动一览

地区	服务企业数量（家）（排名）	解决企业需求（项）（排名）	对公共技术服务平台投资（亿元）（排名）	生产力促进中心（个）（排名）
1. 北京中关村	3779（3）	3779（4）	2.11（5）	10（6）
2. 武汉东湖	7018（14）	6508（8）	1.23（10）	8（9）
3. 上海张江	23817（5）	47011（1）	0.57（12）	1（16）
4. 深圳市	53549（2）	2472（16）	1.53（8）	1（16）
5. 江苏苏南	47301（3）	26430（2）	10.96（1）	17（2）
6. 湖南长珠潭	3792（16）	3023（15）	2.05（6）	7（11）
7. 天津滨海	7502（13）	4528（11）	0.41（15）	6（14）
8. 成都高新	9904（12）	10808（5）	0.54（14）	7（11）
9. 西安高新	11076（11）	4184（13）	6.95（2）	14（3）
10. 杭州高新	17927（6）	11492（4）	2.73（4）	10（6）
11. 广东珠三角	63685（1）	7252（6）	1.68（7）	5（15）
12. 河南郑洛新	4053（15）	2213（17）	0.55（13）	10（6）
13. 山东半岛	14609（9）	5323（9）	4.66（3）	14（3）
14. 辽宁沈大	3346（17）	3196（14）	1.29（9）	20（1）
15. 福建福厦泉	17153（7）	5308（10）	0.76（11）	11（5）
16. 安徽合芜蚌	16430（8）	4199（12）	0.16（16）	7（11）
17. 重庆高新	13197（10）	7252（6）	0.4（17）	8（9）

资料来源：《中国火炬统计年鉴2016》。

从上述四类要素的集聚或形成速度来看，人力资源、资本资源集聚速度较快；制度次之，地方政府官员的认知水平直接影响到先进制度能否建立，制度创新效应也有滞后性，再加之，制度的改变必然会带来生活的变化，会

引起一些既得利益者的反对，使得制度的改变很有刚性；四者中知识资源形成速度最慢，这不仅表现在科研院所、大专院校的建筑物的修建需要时间，还表现在这些机构的精神要植根于当地还需要较长时间。从对自主创新的影响来看，人力资源、资本资源、知识资源直接影响自主创新，三者组合构成创新禀赋，而制度创新则是自主创新的助推器。

第四节　国家自主创新示范区非自然要素禀赋的因子分析

由于描述国家自主创新示范区非自然要素禀赋的指标较多，为进一步分析的需要，本节采用因子分析法通过降维，将多个指标有效地合并为少数几个表达原始数据主要信息的因子。

一、因子分析过程

运用SPSS软件，首先对表4－4、表4－5、表4－6、表4－7、表4－8中选取的指标提取主成分（见表4－9）。

表4－9　主成分提取

	初始	提取
x1：公共交通客运总量（万人次）	1.000	0.898
x2：客运量（万人）	1.000	0.835
x3：货运量（万吨）	1.000	0.892
x4：电话普及率（部/百人）	1.000	0.822
x5：互联网普及率（%）	1.000	0.807

续表

	初始	提取
x6：城市用水普及率（%）	1.000	0.824
x7：城市燃气普及率（%）	1.000	0.843
x8：中小学校数（所）	1.000	0.810
x9：每万人医院床位数（床/万人）	1.000	0.541
x10：年末从业人员数（人）	1.000	0.976
x11：大专以上学历人数（人）	1.000	0.984
x12：中高级职称（人）	1.000	0.945
x13：R&D 人员（人）	1.000	0.910
x14：R&D 人员全时当量（人年）	1.000	0.930
x15：年末资产（亿元）	1.000	0.969
x16：科技活动经费内部支出（亿元）	1.000	0.965
x17：当年获得风险投资额（亿元）	1.000	0.943
x18：对公共技术服务平台投资（亿元）	1.000	0.702
x19：科研院所（个）	1.000	0.756
x20：高校数（所）	1.000	0.799
x21：大学科技园（个）	1.000	0.936
x22：生产力促进中心（个）	1.000	0.854
x23：组织交易活动（次）	1.000	0.960
x24：组织技术转移培训（次）	1.000	0.731
x25：服务企业数量（家）	1.000	0.779
x26：解决企业需求（项）	1.000	0.915

注：提取方法：主成分分析法。

从表 4－9 中可以看出 26 个指标提取比例都较大，这说明指标变量空间转化成因子空间时保留了较多的信息，适合做因子分析。

按照因子累计贡献率大于 85% 选取公因子，可以看出表 4－10 中前五项因子的累计方差贡献率达 85.866%，说明这五项因子代表的信息已经能够充分反映原有观测变量大部分信息。

表 4－10 总方差解释

因子	初始特征值			平方载荷提取额			平方载荷旋转额		
	合计	方差百分比	累计方差贡献率（%）	合计	方差百分比	累计方差贡献率（%）	合计	方差百分比	累计方差贡献率（%）
1	12.010	46.194	46.194	12.010	46.194	46.194	9.159	35.228	35.228
2	3.703	14.241	60.435	3.703	14.241	60.435	4.163	16.013	51.241
3	3.304	12.709	73.144	3.304	12.709	73.144	3.981	15.312	66.554
4	2.024	7.786	80.931	2.024	7.786	80.931	2.563	9.859	76.413
5	1.283	4.935	85.866	1.283	4.935	85.866	2.458	9.453	85.866
6	0.931	3.580	89.445						
7	0.874	3.361	92.806						
8	0.492	1.893	94.699						
9	0.417	1.603	96.302						
10	0.307	1.182	97.484						
11	0.222	0.855	98.338						
12	0.173	0.666	99.005						
13	0.127	0.488	99.493						
14	0.075	0.287	99.780						
15	0.046	0.176	99.956						
16	0.011	0.044	100.000						
17	7.119E－16	2.738E－15	100.000						
18	2.753E－16	1.059E－15	100.000						
19	1.236E－16	4.755E－16	100.000						
20	－4.304E－18	－1.655E－17	100.000						
21	－1.165E－16	－4.480E－16	100.000						
22	－2.598E－16	－9.991E－16	100.000						
23	－3.929E－16	－1.511E－15	100.000						
24	－5.446E－16	－2.095E－15	100.000						
25	－1.439E－15	－5.533E－15	100.000						
26	－1.719E－15	－6.612E－15	100.000						

注：提取方法：主成分分析法。

在图4－1中，横坐标为因子数目，纵坐标为特征根。可见，第5个以后的因子特征根值都较小，对解释原有变量的贡献很小，已经成为可以忽略的“高山脚下的碎石”，因此提取5个因子是合适的。为了更好地解释各因子，使因子具有命名解释性，采用具有Kaiser标准化的正交旋转法对因子载荷矩阵进行旋转。旋转后的因子载荷矩阵如表4－11所示。

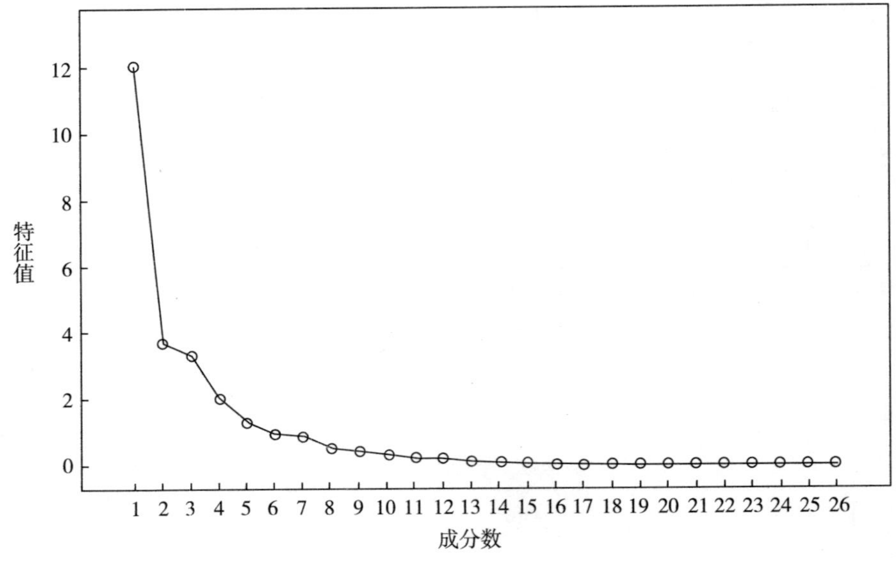

图4－1　碎石图

表4－11　旋转后的因子载荷矩阵

	成分				
	1	2	3	4	5
x15：年末资产（亿元）	0.970	－0.037	0.137	－0.015	0.091
x12：中高级职称（人）	0.969	－0.055	0.035	0.022	0.050
x11：大专以上学历人数（人）	0.964	0.055	0.171	－0.011	0.152
x16：科技活动经费内部支出（亿元）	0.928	－0.023	0.169	－0.145	0.232
x23：组织交易活动（次）	0.890	－0.043	0.234	0.312	0.117

续表

	成分				
	1	2	3	4	5
x10：年末从业人员数（人）	0.882	0.325	0.206	0.060	0.215
x24：组织技术转移培训（次）	0.821	0.076	0.048	0.218	0.032
x13：R&D 人员（人）	0.793	0.387	0.261	-0.077	0.240
x14：R&D 人员全时当量（人年）	0.779	0.372	0.298	-0.070	0.301
x1：公共交通客运总量（万人次）	0.681	0.408	0.295	-0.309	0.292
x17：当年获得风险投资额（亿元）	0.635	0.273	0.314	-0.023	0.605
x3：货运量（万吨）	-0.100	0.929	0.102	-0.079	0.040
x8：中小学校数（所）	-0.047	0.867	-0.163	-0.027	-0.171
x2：客运量（万人）	0.443	0.791	0.064	-0.013	-0.093
x19：科研院所（个）	0.178	0.672	0.158	0.192	0.459
x20：高校数（所）	0.156	0.645	-0.334	0.465	0.176
x7：城市燃气普及率（%）	0.160	-0.017	0.881	0.069	0.192
x6：城市用水普及率（%）	0.121	-0.027	0.873	0.198	0.084
x5：互联网普及率（%）	0.330	0.022	0.791	-0.246	0.109
x4：电话普及率（部/百人）	0.377	-0.189	0.680	-0.423	-0.054
x25：服务企业数量（家）	0.281	0.509	0.614	-0.204	0.152
x22：生产力促进中心（个）	0.049	-0.019	-0.122	0.904	-0.137
x18：对公共技术服务平台投资（亿元）	0.124	0.140	0.202	0.728	0.311
x9：每万人医院床位数（床/万人）	-0.025	-0.272	-0.419	0.507	-0.185
x26：解决企业需求（项）	0.330	-0.043	0.167	-0.095	0.876
x21：大学科技园（个）	0.617	-0.117	0.153	0.298	0.656

注：①提取方法：主成分分析法；②旋转方法：Kaiser 正交旋转法；③本表在六次迭代后收敛。

根据表 4－11 分析可以发现，在公因子上载荷超过 0.7 的指标为载荷较高的指标。在第 1 个公因子上载荷较高的指标为年末资产、中高级职称人数、大专以上学历人数、科技活动经费内部支出、组织交易活动、年末从业人员、组织技术转移培训、R&D 人员数、R&D 人员全时当量等，这类指标可以说明创新要素禀赋，故将其命名为创新禀赋因子，用 FAC1 表示；在第 2 个公因子上载荷较高的指标为货运量、中小学校数、客运量等，这类指标可以说明社会性基础设施完善程度，故将其命名为社会设施因子，用 FAC2 表示；在第 3 个公因子上载荷较高的指标为城市燃气普及率、城市用水普及率、互联网普及率等，这类指标可以说明生活性基础设施完善程度，故将其命名为生活设施因子，用 FAC3 表示；在第 4 个公因子上载荷较高的指标为生产力促进中心数、对公共技术服务平台投资等，这类指标是因制度效应而产生的政府平台建设行为，故将其命名为平台建设因子，用 FAC4 表示；在第 5 个公因子上载荷较高的是解决企业需求，这类指标是因制度效应而产生的政府服务行为，故将其命名为政府服务因子，用 FAC5 表示。旋转后的空间组件图如图 4－2 所示。

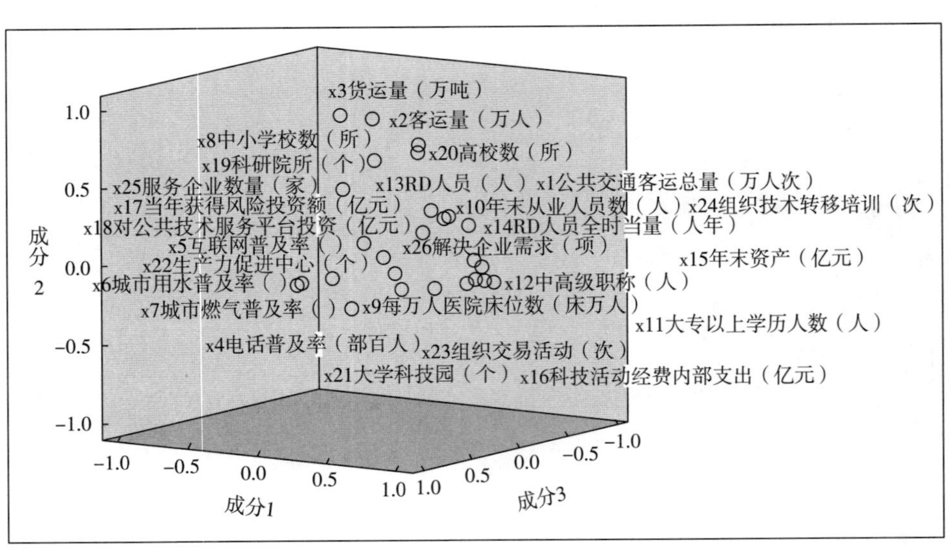

图 4－2　旋转后的空间组件图

根据表4－12可以看出，五个因子没有线性相关性，实现了因子分析的设计目标。

表4－12　因子协方差矩阵

成分	1	2	3	4	5
1	1.000	0.000	0.000	0.000	0.000
2	0.000	1.000	0.000	0.000	0.000
3	0.000	0.000	1.000	0.000	0.000
4	0.000	0.000	0.000	1.000	0.000
5	0.000	0.000	0.000	0.000	1.000

注：①提取方法：主成分分析法；②旋转方法：Kaiser 正交方差旋转法；③组成分数。

二、计算综合得分

采用回归法估计得分系数，并输出因子得分系数（见表4－13）。

表4－13　成分得分系数矩阵

	成分				
	1	2	3	4	5
x1：公共交通客运总量（万人次）	0.053	0.068	－0.019	－0.134	0.057
x2：客运量（万人）	0.063	0.200	0.001	0.000	－0.178
x3：货运量（万吨）	－0.063	0.248	0.033	－0.020	－0.018
x4：电话普及率（部/百人）	0.039	－0.060	0.184	－0.106	－0.143
x5：互联网普及率（%）	－0.014	－0.011	0.229	－0.026	－0.066
x6：城市用水普及率（%）	－0.064	－0.015	0.333	0.181	－0.093
x7：城市燃气普及率（%）	－0.070	－0.019	0.303	0.118	－0.019
x8：中小学校数（所）	0.000	0.241	－0.037	－0.016	－0.131
x9：每万人医院床位数（床/万人）	0.053	－0.061	－0.071	0.181	－0.084

续表

	成分				
	1	2	3	4	5
x10：年末从业人员数（人）	0.102	0.044	-0.015	0.015	-0.034
x11：大专以上学历人数（人）	0.141	-0.027	-0.035	-0.018	-0.063
x12：中高级职称（人）	0.170	-0.051	-0.069	-0.013	-0.110
x13：R&D 人员（人）	0.079	0.062	-0.006	-0.037	-0.005
x14：R&D 人员全时当量（人年）	0.065	0.056	0.001	-0.034	0.033
x15：年末资产（亿元）	0.156	-0.049	-0.040	-0.020	-0.095
x16：科技活动经费内部支出（亿元）	0.128	-0.051	-0.060	-0.081	0.010
x17：当年获得风险投资额（亿元）	-0.005	0.018	-0.017	-0.030	0.257
x18：对公共技术服务平台投资（亿元）	-0.061	0.018	0.112	0.312	0.103
x19：科研院所（个）	-0.074	0.148	0.007	0.065	0.209
x20：高校数（所）	-0.003	0.157	-0.107	0.145	0.072
x21：大学科技园（个）	0.004	-0.088	-0.046	0.084	0.314
x22：生产力促进中心（个）	0.018	0.002	0.077	0.383	-0.146
x23：组织交易活动（次）	0.123	-0.048	0.038	0.133	-0.103
x24：组织技术转移培训（次）	0.135	-0.010	-0.026	0.078	-0.124
x25：服务企业数量（家）	-0.033	0.117	0.166	-0.031	-0.036
x26：解决企业需求（项）	-0.076	-0.071	-0.094	-0.092	0.525

注：①提取方法：主成分分析法；②旋转方法：Kaiser 正交方差旋转法；③成分分数。

根据因子得分系数矩阵计算各示范区要素禀赋的各因子得分及排名，以表4－10 中各因子旋转后的方差贡献率为权数，加权求和计算综合得分（FAC）及排名（见表4－14）。

表 4－14　国家自主创新示范区非自然要素禀赋因子得分及排名

地区	FAC1（排名）	FAC2（排名）	FAC3（排名）	FAC4（排名）	FAC5（排名）	FAC（排名）
1. 北京中关村	3.6350（1）	-0.5868（13）	0.2588（8）	-0.1422（10）	-0.4135（11）	2.7514（3）
2. 武汉东湖	0.1665（3）	-0.6004（14）	-0.1251（11）	-0.1405（9）	-0.5705（14）	-1.2700（12）

续表

地区	FAC1（排名）	FAC2（排名）	FAC3（排名）	FAC4（排名）	FAC5（排名）	FAC（排名）
3. 上海张江	0. 0028（7）	-0. 3303（9）	0. 3059（7）	-1. 4405（16）	2. 9968（1）	1. 5347（5）
4. 深圳市	-0. 5227（14）	-0. 7750（16）	1. 9560（1）	-1. 6679（17）	-0. 7103（16）	-1. 711（15）
5. 江苏苏南	0. 07344（5）	0. 7882（2）	0. 6458（5）	2. 1058（1）	1. 9152（2）	5. 5285（1）
6. 湖南长株潭	-0. 4210（11）	0. 1327（7）	-1. 1075（15）	0. 0091（7）	0. 1693（4）	-1. 2174（11）
7. 天津滨海	-0. 7042（16）	-0. 5257（11）	0. 6675（4）	-0. 3429（11）	-0. 2191（6）	-1. 1245（10）
8. 成都高新	-0. 0980（9）	-0. 7414（15）	-1. 5951（16）	-0. 7645（14）	0. 5726（3）	-2. 6265（16）
9. 西安高新	0. 0266（6）	-0. 4739（10）	-0. 2778（12）	0. 8804（4）	-0. 3393（10）	-0. 1841（7）
10. 杭州高新	-0. 2480（10）	-1. 2571（17）	0. 8344（2）	0. 6859（5）	-0. 2492（8）	-0. 2340（8）
11. 广东珠三角	0. 4270（2）	3. 1638（1）	0. 6219（6）	-0. 9494（15）	-0. 4378（12）	2. 8256（2）
12. 河南郑洛新	-0. 0428（8）	0. 1930（6）	-2. 2885（17）	-0. 4241（12）	-0. 2305（7）	-2. 7928（17）
13. 山东半岛	0. 0767（4）	0. 6491（4）	0. 1854（9）	1. 4723（2）	-0. 2498（9）	2. 1336（4）
14. 辽宁沈大	-0. 4968（13）	-0. 5825（12）	0. 0887（10）	1. 1245（3）	-0. 6544（15）	-0. 5205（9）
15. 福建福厦泉	-0. 9103（17）	0. 2532（5）	0. 7189（3）	0. 0751（6）	-0. 2126（5）	-0. 0758（6）
16. 安徽合芜蚌	-0. 4310（12）	0. 0277（8）	-0. 3646（13）	-0. 0329（8）	-0. 5195（13）	-1. 3202（13）
17. 重庆高新	-0. 5332（15）	0. 6654（3）	-0. 5247（14）	-0. 4483（13）	-0. 8473（17）	-1. 6880（14）

三、因子分析结果探讨

（一）五个公因子得分及排名

根据前文分析并结合表4－14中各自创区因子得分及排名，可以将国家自创区要素禀赋的特点归纳如下：

第一，集聚了大量高端专业化人力资源、机构和研发资金。高端专业化人力资源、高水平的大学和研究机构、科技资金的投入构成创新禀赋，创新禀赋影响着一个地区的持续创新能力。创新禀赋的形成受四个因素的影响，一是受政府政策影响。如吸引人才政策、创新创业政策会使高端人才和资本在政策惠及区域集聚。二是受社会性、生活性设施完善程度的影响。高质量的中小学教育、完善的文化娱乐设施和通信网络是使高端人才举家定居的保证。三是受城市发展规划影响。如大学城的兴起使大学和科研院所聚集在城市规划的大学城区域。四是受地域文化的影响。如果地域文化是崇尚创新、变革，不惧怕失败且对失败者采取包容的态度，则倾向于在研发上投入大量资金。

创新禀赋因子FAC1排名靠前的是北京中关村、广东珠三角、武汉东湖、山东半岛、江苏苏南、西安高新、上海张江，这说明这些地区持续的创新能力高于其他地区。近20年来，这些地区除通过国家“千人计划”网罗人才外，还制定了地方性的引智工程和计划，如北京中关村的“中关村高端领军人才聚集工程”，珠三角面向全球“靶向引才”，上海张江的“海外高层次人才创新创业基地”，西安的“特殊人才跨越计划”。武汉东湖示范区聚集了3000多个海内外人才团队，30多万名专业技术人才，成为我国中部地区高端人才的“洼地”（卢长利、董梅，2015）。国家自主创新示范区正是聚集了大量高端专业化人才，才使创新驱动经济发展成为可能。各自创区所在城市有多所我国高水平甚至是顶尖大学和研究机构，原“985”大学39所中

有20所在上述地区，占总数的51.3%，在已获批的17个自创区所在城市中有35所，占总数的89.7%。这使得产学研结合，前沿的科技成果迅速转化为现实产品成为可能（周洪宇，2015）。

第二，现代化的基础设施臻于完善。现代化的社会性、生活性基础设施在经济发展中起着重要作用，它既是战略性新兴产业发展的高级生产要素，又影响着其他高级生产要素（如创新禀赋）的形成。没有现代化的交通、通信、信息设施，不可能加速地域专门化和产业升级换代，也不可能加速技术创新产业化的过程；没有现代化的生活设施，无法加速创新禀赋的形成，也无法加速技术创新过程。

社会设施因子FAC2排名靠前的是广东珠三角、江苏苏南、重庆高新、山东半岛、福建福厦泉、河南郑洛新、湖南长株潭、安徽合芜蚌，生活设施因子FAC3排名靠前的是深圳、杭州高新、福建福厦泉、天津滨海、江苏苏南、广东珠三角、上海张江、北京中关村、山东半岛、辽宁沈大。总体来说，各自创区现代化的基础设施日臻完善，为战略性新兴产业的发展奠定了良好的基础。

第三，体制机制创新方面先行先试，为实现创新驱动发展提供了制度保障。制度资源价值的充分发挥与实现，减少了不确定性，降低了交易成本，为人们的创新活动营造了良好的环境。各自创区在体制机制方面先行先试，推进创新，为促进该区域加快发展积累了经验，基本建立完善了六大创新创业服务体系及公共服务平台建设，即孵化服务体系、技术支撑服务体系、管理支撑服务体系、投融资服务体系、辐射带动服务体系、对外交流服务体系。

平台建设因子FAC4得分靠前的有江苏苏南、山东半岛、辽宁沈大、西安高新、杭州高新，在山东半岛国家自主创新示范区中，烟台成立了“丝绸之路高科技园区联盟”，联盟覆盖丝绸之路沿线国家的高科技园区，打造技术转移协作网络和对接平台。淄博投资3亿多元建设了公共技术服务平台，并加入全省大型科学仪器设备共享网，减轻小微企业的创新创业成本。

政府服务因子FAC5得分靠前的有上海张江、江苏苏南、成都高新、湖南长株潭，说明这些地区由于制度创新使政府更多的是通过提供服务来促进产业发展。

（二）综合得分及排名分析

综合因子FAC得分排名前五名的是江苏苏南、广东珠三角、北京中关村、山东半岛、上海张江，这说明这些城市和地区不仅基础设施完善，而且流动要素的集聚速度较快，实现创新驱动发展的潜力较大。其中，江苏苏南、广东珠三角、山东半岛为城市群，自创区内各城市容易实现要素禀赋互补，从而增强各自竞争领域内的竞争力。上海和北京为直辖市，两地一直是全国智力资源最密集、知识创新最活跃、政策敏感力最强、高新技术产业基础最好的地区（蒋珩，2017）。

[参考文献]

[1] Samuelson, P.. International Factor Price Equalization Once Again [J]. Economic Journal, 1949 (9): 181-197.

[2] Porter, M. E.. Competitive Advantage of Nations [M]. New York: The Free Press, 1990.

[3] North, D. C.. Institutions, Institutional Change and Economic Performance [M]. Cambridge: Cambridge University Press, 1990.

[4] [英] 亚当·斯密. 国民财富的性质和原因的研究（上卷）[M]. 郭大力，王亚南译. 北京：商务印书馆，1994.

[5] [英] 大卫·李嘉图. 政治经济学及赋税原理 [M]. 郭大力，王亚南译. 北京：商务印书馆，1994.

［6］［瑞典］贝蒂尔·奥林．地区间贸易和国际贸易［M］．王继祖译．北京：首都经济贸易大学出版社，2001.

［7］［日］藤田昌久，［美］保罗·R. 克鲁格曼，［英］安东尼·J. 维纳布尔斯．空间经济学——城市、区域与国际贸易［M］．梁琦主译．北京：中国人民大学出版社，2013.

［8］蒋珩．国家自主创新示范区要素禀赋的比较研究[J]. 当代经济管理，2018，40（5）：58 – 63.

［9］国家发改委．国家级新区发展报告 2015［M］．北京：中国计划出版社，2015.

［10］鞠晓伟，赵树宽．产业技术选择与产业技术生态环境的耦合效应分析[J]. 中国工业经济，2009（3）：71 – 80.

［11］郑秀恋，沙颖．基于钻石模型的吉林省物流产业集群竞争力研究[J]. 物流技术，2015（21）：7 – 10.

［12］衡孝庆．技术创新的社会生态系统[J]. 科学对社会的影响，2005（4）：31 – 35.

［13］卢长利，董梅．国家自主创新示范区科技创新比较研究[J]. 资源开发与市场，2015，31（4）：455 – 458.

［14］周洪宇．国家自主创新示范区创新能力比较研究[J]. 科技进步与对策，2015，32（22）：34 – 39.

第五章　国家自主创新示范区战略性新兴产业复杂系统特征分析

第一节　系统背景状态分析

国家自主创新示范区战略性新兴产业系统的运行离不开社会经济环境，环境即系统之外与之相关联的事物的集合。如社会经济发展程度、运行状况以及相关的政治、法律和文化等因素，这些影响因素的总和构成了战略性新兴产业系统的背景状态，即所处的环境，其中主要背景状态是自创区经济发展程度和运行状况，这些决定了现阶段自创区经济发展中的主导要素和各自创区具体的要素禀赋的差异。根据 Porter（1990）对国家经济发展过程的论述，经济发展分为四个阶段，即生产要素导向阶段、投资导向阶段、创新导向阶段和富裕导向阶段。他认为，在经济发展的最初阶段，几乎所有的成功产业都是依赖基本生产要素。这些基本生产要素可能是天然资源、自然环境和不匮乏且廉价的劳动力。在投资导向阶段，从政府到企业之间都有积极投资的意愿和能力，并努力创造一个现代化的基础建设。此时企业把目标定在支持技术和资产的投资上，技术工人和专业人才虽然大量增加，但薪资仍低廉。大环境中的教育和研究机构等生产要素创造机制也运作得更顺畅了（何建佳等，2006）。在创新导向阶段，更高级的基础设施、高度专业化的人力资源、研究机构和更具水平的大学体系、持续的创新能力、制度等成为要素禀赋中的主导要素。富裕导向阶段是经济走入衰退的时期。他同时指出，要跨过这些阶段的路子很多，不必一阶一阶地往前走。虽然 Porter 的理论是在分析国家竞争优势时提出的，但现在也广泛地被用于分析区域经济。

一个地区的要素种类、数量、质量会随着该地区经济的发展而发生变化，从而该地区的要素禀赋也会发生变化，也就是说，一个地区自然和非自然要素既不是在经济发展的初级阶段就确定了的，也不是在经济发展的每个阶段都会成为重要因素的，而是随着经济发展逐渐进入经济生产的，并且随着时间变化还会不断地发生变化。金丽国（2007）认为，随着经济的不断发展升级，一些事件的累积效应可能会改变非天然要素禀赋的分布，或者经济发展对某些要素的依赖性凸显，这样，经济主体会逐渐调整自己的区位选择行为，新的空间均衡可能就会产生，进而在新的轨道上开始演化。徐绪松（2010）认为，人类社会的经济形态经历了不同的发展阶段，按资源配置的特点划分，大致有传统资源观时代和新资源观时代。在传统资源观时代，社会的发展要以土地、资本、劳动力等有限的自然资源和人力资源为基础，资源观还十分狭窄。新资源观的时代是知识经济时代，经济发展的重要资源是知识。

综合国内外学者的描述我们可以将经济发展各阶段主导要素及特征如表 5－1 所示：

表 5－1　经济发展各阶段主导生产要素及特征

经济发展阶段	主导生产要素	特征
要素导向阶段	自然资源、自然环境 廉价的一般劳动力	①产品品种不多，完全以价格条件竞争； ②技术主要来自模仿，或是引进； ③本地市场需求有限

续表

经济发展阶段	主导生产要素	特征
投资导向阶段	资本、薪资低廉的技术工人和专业人才	①仍在标准化程度较高、价格竞争比较敏感的市场中竞争； ②技术仍落后于领先国家，但至少是公开渠道中的最进步技术； ③政府致力于现代化的基础建设，企业支持技术和资产的投资； ④教育和研究机构等生产要素创造机制运作顺畅； ⑤国内需求仍比较简单； ⑥相关产业和支持性产业还未发展； ⑦政府政策很重要
创新导向阶段	更高级的基础设施、高端专业化的人力资源、知识资源、先进的制度	①产品、流程技术、市场营销和其他竞争方面已接近精致化； ②创造和提升先进和专业化的生产要素； ③企业有全球化战略； ④更高级的研究机构和更具水平的大学体系在形成； ⑤相关与支持性产业发展良好，代表国家的特殊环境和历史文化传统特色也在特定产业与产业环节中出现； ⑥消费者的需求更加讲究； ⑦政府无为而治
富裕导向阶段	过去积累的财富	①社会价值挂帅； ②经济活力开始下降； ③两极化表现：国内的产业投资不足，海外投资却出手大方； ④导致经济衰退

为了进一步分析国家自主创新示范区所在省市处于经济发展的哪个阶段，课题组向17个自创区发放调研问卷1700份，回收有效问卷1560份，符合调查程序和评价要求。现将回收的有效问卷观点整理归纳并将其与表5－1所列特征逐一比较，如表5－2所示。

表5－2　国家自主创新示范区所在省市经济发展阶段符合度

地区	与各经济发展阶段符合度
1. 北京	符合投资导向阶段第3，4，7条，创新导向阶段第1，2，3，4，5，6条
2. 武汉	符合投资导向阶段第2，3，4，6，7条，创新导向阶段第2，4，6条

续表

地区	与各经济发展阶段符合度
3. 上海	符合投资导向阶段第3，4，7条，创新导向阶段第1，2，3，4，5，6条
4. 深圳市	符合投资导向阶段第2，3，4，5，7条，创新导向阶段第1，2，3条
5. 苏南	符合投资导向阶段第1，2，3，4，7条，创新导向阶段第2，4，5条
6. 长株潭	符合投资导向阶段第1，2，3，4，6，7条，创新导向阶段第2，4条
7. 天津	符合投资导向阶段第1，2，3，4，5，6，7条，创新导向阶段第2条
8. 成都	符合投资导向阶段第1，2，3，4，7条，创新导向阶段第2条
9. 西安	符合投资导向阶段第1，2，3，4，5，6，7条，创新导向阶段第2条
10. 杭州	符合投资导向阶段第2，3，4，7条，创新导向阶段第2，4，5，6条
11. 珠三角	符合投资导向阶段第3，4，7条，创新导向阶段第1，2，3，4，5，6条
12. 郑洛新	符合投资导向阶段第1，2，3，4，5，6，7条，创新导向阶段第2条
13. 山东半岛	符合投资导向阶段第1，2，3，4，6，7条，创新导向阶段第2，5条
14. 辽宁沈大	符合投资导向阶段第1，2，3，4，5，6，7条，创新导向阶段第2条
15. 福厦泉	符合投资导向阶段第1，2，3，4，7条，创新导向阶段第2，5条
16. 合芜蚌	符合投资导向阶段第1，2，3，4，5，6，7条，创新导向阶段第2条
17. 重庆	符合投资导向阶段第1，2，3，4，5，7条，创新导向阶段第2条

自创区所在省市经济发展特征大部分符合某个阶段特征说明该地区经济发展处于某个阶段，若符合前后两个阶段的特征大致相等的条件，则该地区处于两个阶段的过渡阶段。从表5－2中可以判断自创区所在省市已处于创新导向阶段的有北京、上海、广东珠三角，正在从投资导向向创新导向过渡的有武汉、深圳、江苏苏南、杭州、湖南长株潭、山东半岛、福建福厦泉，处于投资导向阶段的有天津、成都、西安、河南郑洛新、辽宁沈大、安徽合芜蚌、重庆。[①] 这与第四章中综合因子得分排名较为吻合，前文因子分析中

① 此前笔者在公开发表的论文中认为自创区经济发展均已进入创新导向阶段，但在获取更多的调研资料后得出了本章的判断，与笔者以前的观点略有差异。

选取的指标多为高级生产要素指标，综合因子得分排名越靠前，该地区经济发展进入创新导向的指向性越强。有两点值得说明：一是我国处于创新导向阶段的区域至今政府产业政策仍被看作十分重要，但这个阶段政府干预产业的做法实际效果如何是摆在我们面前应深入研究的新课题；二是根据 Porter 的理论，即使现在仍处于投资导向阶段的区域，要实现跃升，快速进入创新导向阶段也有无限的可能。因此，根据前文因子分析结果，可以判断江苏苏南、山东半岛将是处于过渡阶段的自创区中率先进入创新驱动发展的地区。

第二节　系统组分分析

系统科学的创始人美籍奥地利学者 Ludwig Von Bertalanffy（1969）将系统定义为：系统是相互作用的多元素的复合体。在自然界和人类社会中，凡具有特定功能、按照某些规律结合起来相互关联、相互作用、相互依存的事物总体，均可称之为系统。根据此定义对第二章中的表 2－2 进行分析，可以发现国家自主创新示范区战略性新兴产业系统包括节能环保产业、新一代信息技术产业、生物产业、高端装备制造产业、新能源产业、新材料产业、新能源汽车产业七大产业子系统 24 个子子系统（细分产业），子子系统又包括若干下一层次子系统，企业则又是这些子系统的子系统（见图 5－1）。①

① 关于企业子系统的微观构件分析，在第六章进行。

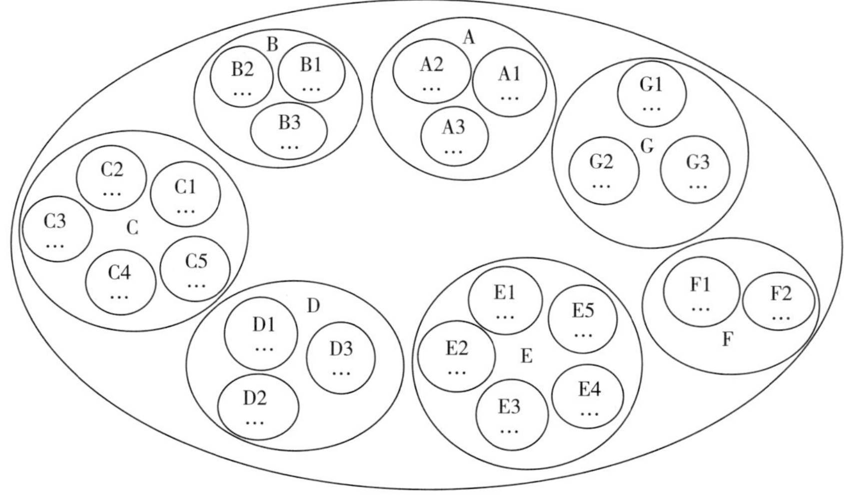

图 5－1 国家自主创新示范区战略性新兴产业系统组分示意图

注：A. 节能环保产业；B. 新一代信息技术产业；C. 生物产业；D. 高端装备制造产业；E. 新能源产业；F. 新能源汽车产业；G. 新材料产业；…表示其他企业

从图 5－1 中不难看出，国家自主创新示范区战略性新兴产业系统组分数目巨大，系统是由众多组分组成的有机整体，一个系统相对较高一级系统时是一个组分（子系），而该组分通常又是较低一级的系统。系统最基本的特性是整体性，其功能是各组成组分在孤立状态时所没有的。它具有结构和功能在涨落作用下的涌现性，具有随环境变化而改变其结构和功能的适应性和历时性。涌现性是复杂系统演化过程中呈现出来的一种整体特性，是指构成复杂系统的组分之间存在着相互作用而形成复杂结构，在表现组分特性的同时，还传递着作为整体而新产生的特性。也就是说，诸多部分一旦按照某些方式（或规律）形成系统，就会产生系统整体具有而部分与部分总和不具有的属性、特征、行为及功能等，一旦把整体还原为不相干的各部分，则这些属性、特征、行为和功能等便不复存在。因此，在分析自创区战略性新兴产业系统时要从复杂系统的整体观视角，从时间和空间两个维度上进行研究。从时间维度来研究系统，随着时间的推移，在不同的发展阶段各组分的变化以及整体演变的规律，确定未来的发展趋势；从空间维度来研究系统整体的特征，系统与环境之间的互动关系（徐绪松，2010）。

第三节　系统自组织、自适应、自驱动的必要条件分析

一、系统组分之间非线性关系的存在性

考察该系统是否属于复杂系统，主要是分析系统子系统之间是否存在非线性作用，非线性是复杂系统的首要特征，非线性相互作用是区别简单系统与复杂系统的本质标志。非线性是指不能用线性数学模型描述的系统特性，构成复杂系统的必要部分、大部分乃至所有部分都存在着非线性，且组分间存在着非线性相互作用，而这种相互作用是产生复杂性的根源。不满足叠加原理，整体作用大于部分作用之和是非线性的基本特点（任玉凤，1998），据此，不难证明国家自主创新示范区战略性新兴产业系统的复杂性。如国家自主创新示范区战略性新兴产业系统中的节能环保产业发展，节能环保产品的广泛使用，使空气质量大为提高，整个区域产业系统的输入要素之一——人力资源，由于空气质量提高，身体健康状况、生活舒适度都随之提高，从而工作效率大为提高。此时，即使区域中产业输入和过去一样的人力资源，生产效率也将会大为提高。又如，新一代信息技术产业发展，信息技术的广泛使用，也将使工作效率大为提高。但节能环保产品的使用和人的健康状况提高并非一对一的关系或叠加关系，也就是说，不存在使用一个环保产品提

高一个人的健康水平，或叠加提高人的健康水平。这说明国家自主创新示范区战略性新兴产业系统组分间不满足叠加原理，子系统之间存在相干性，系统整体作用大于部分作用之和，该系统为复杂系统。由于非线性的普遍存在，原来在简单性科学范式中呈现出来的确定性和有序性将由复杂性科学范式中的不确定性和混沌性所取代，在确定性和不确定性间呈现出复杂性。

二、系统运动到远离平衡态的可能性分析

当系统的宏观效应（参量）随着时间的推移，最终达到一种不变的状态时，称为定态。如果在定态系统内部不存在物理宏观流动，则为平衡态。相反，如果没达到定态，或虽达到定态，但系统内部存在物理量宏观流动，通称为非平衡态。也就是说，非平衡系统的状态特征既可能随时间变化，也可能随空间变化。在非平衡态处于近平衡态的区域为线性区，当系统处于非平衡且非线性区域时，则称为远离平衡态（任广恒，1986）。国家自主创新示范区战略性新兴产业系统中，存在着物质、能量、信息的流动，物质流表现为生产要素的输入，在系统内部转化为在产品，在产品转化为产品，然后输出；能量流表现为外界向系统输入政策、制度，在系统内部转化为制度效应的产生、生产率的提高，然后将不适宜现阶段产业发展的制度能量耗散出去（如果输入的政策、制度不符合产业发展规律，则能量流在系统内难以转换为生产率的提高）；信息流表现为有关产业发展所需的各类信息的输入，包括一般环境信息和具体环境信息，一般环境信息如政治、宏观经济状况、法律等，具体环境信息如原材料价格信息、产品标准信息、核心技术发展信息、竞争对手信息、潜在进入者信息等，系统则向外界输出市场占有率信息、产值信息、利润信息。这些流的渠道是否畅通，在系统内转换到什么程度，都直接影响系统的演化过程。当系统达到定态且内部不存在流时，战略性新兴产业发展就会夭折；当系统内部存在流，但渠道不甚畅通时，系统处

于非平衡态的近平衡区；当系统内部流的渠道畅通时，系统将会运动到非平衡态的非线性区，即系统是远离平衡态的。

三、系统的开放性特征分析

根据系统与外界的相互关系我们可以把系统分为孤立系统、封闭系统和开放系统。孤立系统，是指这样的一种物质群：它与系统以外的物质没有任何关系。也就是说它是不受外界影响的，与外界没有任何物质和能量的交换。孤立系统在现实世界中很少见。封闭系统，则是指与外界有能量交换，但无物质交换的系统。封闭系统在与外界交换能量时，其内物质可以达到一种有序状态。有序状态，意指在一定的宏观尺度上，其物质的运动是单指向的。但封闭系统由于和外界没有物质和信息的交换，其有序状态无法进化，也就是说，在封闭系统中自组织机制无法发挥作用，不能从低级有序进化到高级有序。

开放系统，与外界既有能量的交换，也有物质和信息的交换。开放系统不像封闭系统和孤立系统那样是存在于真空当中的，而是需要有一个承载它的场域，这种承载场域也就是系统所处的环境。环境一般都对开放系统内的介质运行有一定的影响。开放系统与环境进行充分的物质、能量、信息的交换后，在一定条件下可以达到有序状态，这种有序状态是可以进化的，也就是说，可以从低级有序走向高级有序。国家自主创新示范区战略性新兴产业系统具有开放性特征，在与环境的交互作用中，输入生产要素输出产品或服务。系统输入变量也称为控制变量，即自创区自然要素和非自然要素，根据第四章的分析，可以将输入变量归纳为自然资源、社会设施因子、生活设施因子、创新禀赋因子、平台建设因子、政府服务因子等；输出变量也称为状态变量，包括产值、利润、市场占有率等，但其开放程度是可以随政府政策发生改变的。

第四节　系统演化结果的不确定性分析

国家自主创新示范区战略性新兴产业系统演化中因果关系具有极性，在系统中，如果原因和结果的数量变化方向一致时，该因果关系为正；反之则为负。为方便理解，我们可以在因果关系图的箭头上标上因果关系的极性，如图 5 - 2 所示。

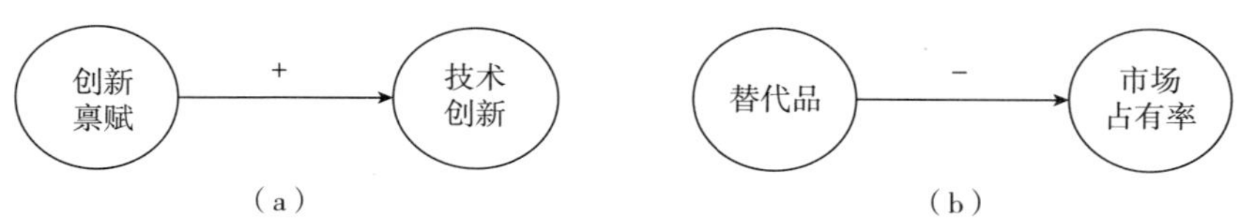

图 5 - 2　因果关系

在图 5 - 2（a）中，创新禀赋因子丰裕导致了技术创新数量增加，两者的变化方向相同，故其极性为正；而在图 5 - 2（b）中，替代品的增加导致市场占有率下降，两者的变化方向相反，故其极性为负。因果关系可以传递，当多个要素以链式的方式递进影响时，各要素间的关系就构成了因果链。因果关系链的极性是链上各因果关系的极性的乘积。当因果关系链构成一个回路时，就构成了一个反馈。在反馈回路中，某个组分在自身改变之后，影响到其他组分，反过来又影响到它自身。换言之，在反馈回路中，原因和结果的地位是对称的，回路中的每个组分既是原因，也是结果。反馈的极性就是因果链的极性，该极性是回路中各因果关系的极性的乘积。

图5－3就是反馈回路的例子，其中，图5－3（a）是负反馈的例子，投资增加会导致融资成本增加，这是正的因果关系；融资成本增加会导致投资减少，这是负的因果关系。对整条回路而言，负乘正得负，这条反馈回路为负反馈。图5－3（b）中，所有的因果关系全为正，总的回路上的极性乘积仍为正，因而这是一个正反馈的回路。正反馈回路中的某个要素发生微小变化，经过回路再回到该要素时，会导致该要素沿原方向进一步增强。在实际的系统中，这种增强过程到达一定程度后，系统中的个别要素可能会出现饱和，导致系统中某个要素出现反方向的趋势，这样整个系统会沿着和原方向相反的方向变化。可见，正反馈系统是一个不稳定的系统。负反馈回路中的某个要素发生变化，经过回路再回到该要素时，会导致该要素的原变化受到削弱。可见，负反馈系统具有内在的稳定机制。在真实的社会经济系统中通常不是简单的反馈回路，而是包含多个反馈回路，各种要素之间相互影响，宏观上往往会出现意料不到的结果。

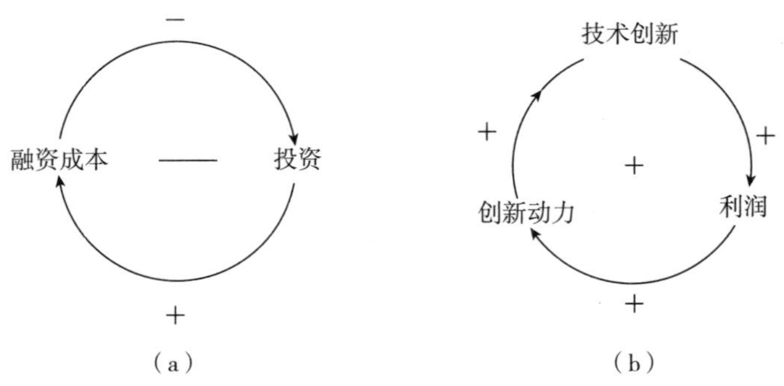

图5－3　反馈回路

用系统思考的方式看国家自主创新示范区战略性新兴产业发展的因果关系的结构如图5－4所示，原因与结果之间的关系是互动的，形成各种反馈回路。

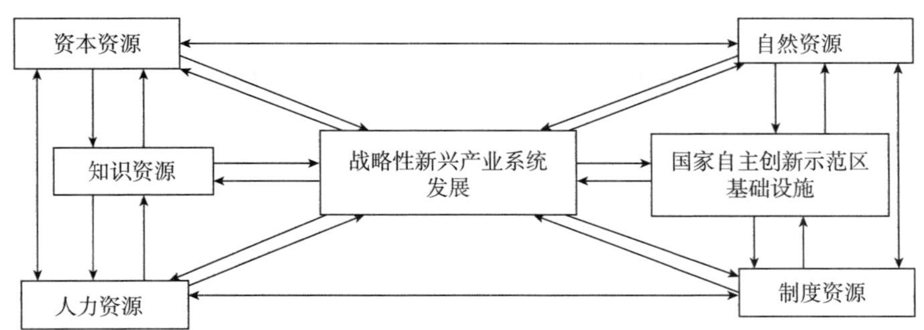

图 5－4　复杂系统因果关系结构

当系统开放度足够大，能够与环境充分进行物质、能量和信息的交换，并且系统运动到远离平衡态时，系统微观层次中的涨落，将通过非线性作用放大，若出现巨涨落，则正反馈会进一步促进系统自组织、自适应、自驱动，使系统进化发展，系统实现跃迁，改变系统宏观状态，负反馈的作用使系统渐趋稳定，形成远离平衡态的稳定态；若上述必要条件之一不满足，如开放度不大，未能与环境充分进行物质、能量和信息的交换，或系统未能运动到远离平衡态，则正反馈使回路中偏差增强，负反馈会导致对于其自身的抑制，使系统难以进化甚至出现退化。如图 5－5 所示，正负反馈两种机制的交替作用、此消彼长就造成了系统行为的种种不确定性。

这种不确定性表现在：首先，即使在必要条件全部满足的情况下，系统各种演化结果出现的概率也是难以准确计算的。当必要条件全部满足时，系统能够通过自组织、自适应、自驱动演化到临界态，此时系统内部出现局域扰动（如出现技术发明、技术创新、主导设计的胜出等）的概率无法准确计算；由于系统存在负反馈，局域扰动通过非线性作用放大到出现巨涨落的概率无法准确计算。因此，系统实现跃迁的概率无法准确计算，即由战略性新兴产业进化到先导产业的概率是未知的。同理，由先导产业进化到主导产业和支柱产业的概率也是未知的。其次，各种结果出现的时间也是难以预测的。即使系统演化的大趋势比较明朗的情况下，一些重要的时间节点也是难以预测的，如系统通过自组织、自适应、自驱动演化到临界态的时间点；系统在巨涨落后实现宏观状态跃迁的时间点，也就是战略性新兴产业进化为先导产业的时间点，先导产业跃迁为主导产业和支柱产业的时间点是难以预测的。

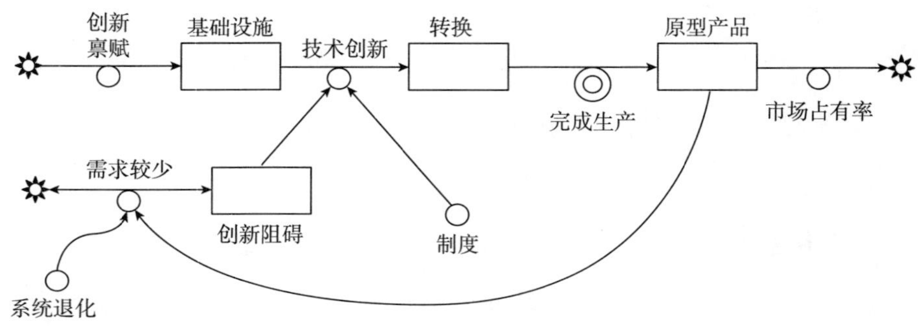

图 5－5　自创区战略性新兴产业系统正负反馈

第五节　系统演化的路径依赖性

路径依赖这种现象最早是由生物学家在研究物种进化分叉和物种进化等级次序时发现的。生物学家发现物种进化一方面决定于基因的随机突变和外部环境，另一方面还决定于基因本身存在的等级序列控制。所以，物种进化时，偶然性随机因素启动基因等级序列控制机制，使物种进化产生各式各样的路径，并且这些路径互不重合、互不干扰，从而提出了生物演进路径的机

制以及路径可能非最优的性质，并明确了“路径依赖”的概念。经济系统中的路径依赖性是指人类社会中的技术演进或制度变迁均有类似于物理学中的惯性，即一旦进入某一路径（无论是“好”还是“坏”）便会沿着一定的路径发展演进，而很难被其他潜在的甚至更优的体系替代。经济系统中的路径依赖问题最初是由 Paul A. David 在 1985 年提出，David 受生物学理念的启发在解释惯常的纸版文字组织是怎样变得标准化和固定化时提出：一些偶然事件可能导致一种技术战胜另一种技术（即技术演进），而且一旦选择某一技术路线，即使这一路线可能不比放弃的另一种技术路线更为有效，它也会持续到最终。尔后 W. Brian Arthur（1989）在此基础上对其进一步发展完善。他指出，新技术的采用往往具有报酬递增和自我强化的机制。由于某种原因先发展起来的技术通常可以凭借先占的优势，利用规模巨大促成的单位成本降低、普通流行导致的学习效应提高、许多行为者采取相同技术所产生的协调效应、在市场上越是流行就越促使人们产生相信它会进一步流行的预期等，实现自我增强的良性循环，从而在竞争中战胜自己的对手。相反，一种具有较之其他技术更优良的技术却可能由于晚人一步，没能获得足够的追随者而陷入困境，甚至“锁定”在某种恶性循环的被动状态之下难以自拔。总之，细小的事件如偶然的情况常常会把技术引入特定的路径，而不同的路径最终会导致完全不同的结果（陈荣虎，2013）。

第一个使“路径依赖”理论声名远播的是新制度经济学的重要代表人物 North，由于用“路径依赖”理论成功地阐释了经济制度的演进，他于 1993 年获得诺贝尔经济学奖。North（1991）把技术变迁中的正反馈机制扩展到制度变迁中，用“路径依赖”概念来描述过去的绩效对现在和未来的巨大影响力。他指出，一国的经济发展一旦走上某一轨道，它的既定方向会在往后的发展中得到强化，所以人们过去的选择决定着他们现在可能的选择。制度给人们带来的规模收益决定了制度变迁的方向，并最终使得制度变迁可能呈现出两种截然相反的轨迹（马涛等，2004）：当收益递增普遍发生时，制度变迁不仅得到巩固和支持，而且能在此基础上一环紧扣一环，沿着良性循环轨迹发展；当收益递增不能普遍发生时，制度变迁就朝着非绩效方向发展，而且越陷越深，最终“闭锁”在某种无效率状态（盛昭瀚、蒋德鹏，2002）。

自创区战略性新兴产业系统的演化过程是在政府政策的倾斜式扶持下参与与其他产业的生存竞争，输入必需的生产要素，并逐渐赢得有利的市场条件，从而逐渐形成、成长和发展的过程。其发展路径具体有四条：一是政府基于经济发展战略的需要而规划培育的产业；二是政府对新技术的产业化进行扶持；三是政府对原有产业的分化进行支持；四是政府对满足新的潜在需求的供给力量逐步形成给予支持并推动其产业化（史忠良、何维达，2004）。系统的路径依赖性表现在系统演进的路径敏感地决定于系统的初始状态，系统一旦采纳某方案，该系统的演进路径便会呈现前后连贯、相互依赖的特点，其他方案很难替代。系统的路径依赖性使系统演化过程有其自身的特点，一是依赖性。即战略性新兴产业在资源、政策等各方面都对政府的支持、保护政策存在很强的依赖性，这使得一部分产业在独立接受市场的选择与检验时容易受挫。二是外生性。即战略性新兴产业形成与发展是政府选择的结果，是外部力量介入经济系统进行干预的结果，这使得一部分产业的生产率并不具有比较优势且难以改变。三是主观性。即政府选择是基于政府对产业系统演进、产业系统外部条件和产业发展战略的认识与把握，因而具有主观性，这使得一部分产业的“根植性”和“嵌入性”较弱。

在经济系统中，要退出次优的路径依赖的变迁路径，其条件取决于形成自我强化机制的各种因素的性质，即该路径产生的递增收益是否具有可逆性和可转移性。如果收益递增的强化机制来源于固定成本和学习效应，那么要发生路径替代退出锁定状态的难度就很大。因为：一是固定资产具有专用性，很难在另一种路径中被利用，因此沉淀成本很高；二是学习效应中的默示知识不具备信息传递性，因此引致的认知阻力就很大。如果收益递增的强化机制来自系统的各种网络效应，如协作效应、适应性预期等，行为主体只要加强信息交流，形成一致性行动，路径替代就可能发生（尹希果、李东宇，2007）。因此，绩优的路径依赖应该是：政府选择有利于战略性新兴产业发展的制度，根据地区要素禀赋的差异和当地产业发展基础，重点培育发展若干战略性新兴产业，经过学习效应等产生收益递增机制，再接受市场的选择和检验，同时选择更具有激励约束功能的制度取代前一制度，以防锁定，并能够沿绩优路径前行，如此循环往复，从而收益不断递增，推动产业发展。这里的核心内容是：一要不断寻求具有激励约束功能的制度；二要不断完善市场，要以能否通过市场检验为准则，充分发挥市场在资源配置中的决定作用。两者彼此协调，缺一不可。

［参考文献］

［1］ Von Bertalanffy, L.. General System Theory［M］. New York: George Braziller, 1969.

［2］ Arthur, W. B.. Competing Technologies, Increasing Returns, and Lock - in by Historical Events［J］. The Economic Journal, 1989, 99 (394): 116 - 131.

［3］ North, D. C.. Institutions［J］. Journal of Economic Perspectives, 1991, 5 (1): 97 - 112.

［4］［美］迈克尔·波特. 国家竞争优势［M］. 李明轩，邱如美译. 北京：华夏出版社，2002.

［5］何建佳，叶春明，肖兰. 上海目前所处发展阶段及其发展趋势分析——基于波特的经济发展阶段论［J］. 商业研究，2006 (11): 129 - 132.

［6］金丽国．区域主体与空间经济自组织［M］．上海：上海人民出版社，2007.

［7］徐绪松．复杂科学管理［M］．北京：科学出版社，2010.

［8］任玉凤．协同学理论对非线性相互作用的方法论分析[J]. 内蒙古大学学报（人文社会科学版），1998（6）：97－103.

［9］任广恒．耗散结构、协同学、混沌理论简介[J]. 重庆师范学院学报，1986，4（2）：33－46.

［10］陈荣虎．经济学演化计算方法［M］．北京：经济管理出版社，2013.

［11］马涛等．东北地区现代化中的"制度解锁"［A］//第二期中国现代化研究论坛［C］．北京：中国科学院，2004.

［12］盛昭瀚，蒋德鹏．演化经济学［M］．上海：上海三联书店，2002.

［13］史忠良，何维达．产业兴衰与转化规律［M］．北京：经济管理出版社，2004.

［14］尹希果，李东宇．文化力向经济力转化的路径依赖与制度创新——基于西部民族地区的分析[J]. 重庆工商大学学报（西部论坛），2007（3）：27－30.

第六章　国家自主创新示范区战略性新兴产业系统微观演化机理分析

第一节　系统微观结构分析

在国家自主创新示范区战略性新兴产业系统中，企业是具有适应性的主体，这种适应性表现在它本身能够与环境以及其他主体进行持续不断的交互作用，从中不断地“学习”或“积累经验”“增长知识”，并能够利用积累的经验改变自身的结构和行为方式，以适应环境的变化以及和其他主体协调一致，并能促进整个系统发展、演化或进化。John H. Holland（1997）将主体与环境以及其他个体间的主动、持续的交互作用，以促进整个宏观系统演化或进化所具有的特性称为适应性。对于主体的微观结构的分析，可以借用 Porter（1980）的“价值链”分析法。根据价值链分析法，每个企业都是研发、生产、营销、交货以及对产品起辅助作用的各种价值活动的集合。企业的价值活动分为基本活动和辅助活动两类（见图 6－1）。

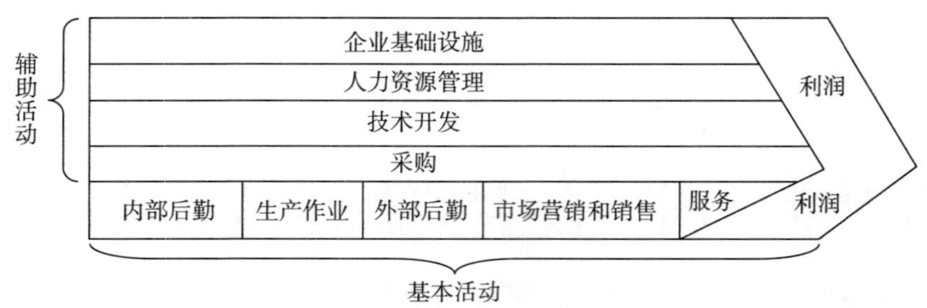

图6－1　企业价值链：基本活动及其辅助活动

按价值活动的工艺顺序，基本活动由五个部分构成：①内部后勤，是与接收、存储和分配相关联的各种活动；②生产作业，是与将投入转化为最终产品形式相关的各种活动；③外部后勤，是与集中、存储和将产品发送给买方有关的各种活动；④市场营销和销售，是与传递信息、引导和巩固购买行为有关的各种活动；⑤服务，是与提供服务以增加或保持产品价值有关的各种活动。

辅助活动主要包括：①企业基础设施，包括总体管理、计划、财务、会计、法律、信息系统等价值活动；②人力资源管理，包括组织各级员工的招聘、培训、开发和激励等价值活动；③技术开发，包括基础研究、产品设计、媒介研究、工艺与装备设计等价值活动；④采购，包括原材料采购以及诸如机器、设备、建筑设施等直接用于生产过程的投入品采购等价值活动。

从复杂科学理论的视角，我们可以将Porter价值链的九个部分皆看作企业主体的微观构件（Holland称这种构件为积木块，即构建复杂适应系统的基本模块或模式以及搭建的组合规则）。企业的生产经营活动是由这九个构件不同程度地组合、相互作用而进行的，可以用布鲁塞尔三分子模型对企业的活动进行描述。布鲁塞尔三分子模型是由比利时布鲁塞尔自由大学教授，非平衡态统计物理与耗散结构理论的奠基人 Prigogine（1969）等为模拟化学振荡等自组织现象而提出的一个理论模型。现在成为复杂科学理论的基本模型之一，被广泛用来解释复杂系统的耗散结构的形成。其模型如下：

$$A \xrightarrow{K_1} X$$

$$B + X \xrightarrow{K_2} Y + D$$

$$2X + Y \xrightarrow{K_3} 3X$$

$$X \xrightarrow{K_4} E$$

其中，$k_i(i=1,2,3,4)$ 为反应速度系数，它由企业基本活动和辅助活动构成的九个积木块的组合状态决定，A 和 B 为初始物，D 和 E 为最终产物，X 和 Y 为中间组分，它们可以有随时间变化的浓度。设 A 为国家自主创新示范区自然要素禀赋、B 为国家自主创新示范区非自然要素禀赋，D、E 为产品，X 为企业基本活动五个积木的组合对应的价值增值的状态，Y 为企业辅助活动四个积木的组合对应的价值增值的状态，X、Y 的“浓度”即这些部门的活动产生的价值增值，这种增值最终构成产品的利润。

如图 6－2 所示，外界向系统输入自然要素 A，合成企业基本活动的一种组合的价值增值状态 X，生成物 X 与外界输入的非自然要素 B 产生一个交叉催化关系相连而生成辅助活动的一种组合 Y 的价值增值状态和产品 D，D 输出。双倍的 X 与 Y 的相互作用产生更多的 X，反应模式中，X 既是反应物，又是生成物，当 Y 中的技术研发取得进展，X 与 Y 合成反应，最终 X“分子数”增加，即企业的基本活动的价值增值增加，从而最终企业利润增加，这种反应称自催化反应，是一种正反馈，X 再次分解出产品 E 输出。

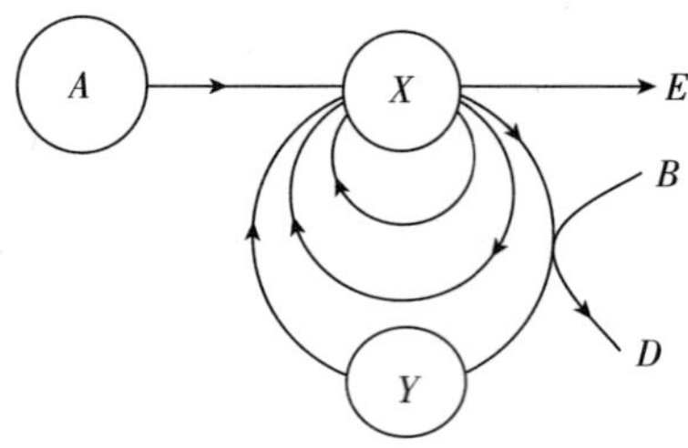

图 6－2　布鲁塞尔三分子模型

第二节　系统反应的动力学过程

假定上述反应的控制条件为 A、B 由外界不断补充，保持“浓度”不变，A、B 的“浓度”为要素禀赋的丰裕度，D、E 一经生成，立即取走，第三反应式中三个变量分子同时参加一个反应，单位时间内产生出 X 分子的速率正比于 X^2Y，是一个非线性项。它说明任何 X 产生的价值增值都受到 Y 的影响，包含 Y 的作用；同时，任何 Y 产生的价值增值都受到 X 的影响，包含 X 的作用，其模型如下：

$$\begin{cases} \dfrac{dX}{dt} = A + X^2Y - (B+1)X \equiv f(X, Y) \\ \dfrac{dY}{dt} = BX - X^2Y \equiv g(X, Y) \end{cases} \qquad \text{式 } 6-1$$

一、奇点分析

在式 6－1 中如果同时满足 $f(X, Y)=0$，$g(X, Y)=0$ 的点则称为

奇点，通过计算可知，该系统有且仅有一个奇点 $X_0 = A$，$Y_0 = \frac{B}{A}$，即 $P\left(A, \frac{B}{A}\right)$。

为了讨论方便，引入向量形式，令 $x(t) = \begin{pmatrix} X(t) \\ Y(t) \end{pmatrix}$，则式 6－1 写成向量形式：

$$\frac{dx}{dt} = \begin{pmatrix} f(X, Y) \\ g(X, Y) \end{pmatrix} \equiv F(x) \qquad \text{式 } 6-2$$

这里 $x(0) = \begin{pmatrix} X_0 \\ Y_0 \end{pmatrix} \equiv x_0$。

由微分方程的李雅普诺夫稳定性可知：如果对于任意选定的实数 $\varepsilon > 0$，总存在另一个实数 $\delta(\varepsilon, t_0)$，使得 $\|x(t_0) - x_0\| \leqslant \delta$ 时，随着时间的无限推移，恒有 $\|x(t) - x_0\| \leqslant \varepsilon$，则称该系统在奇点是稳定的。

如果系统的平衡状态 x_0 为稳定的，并且当 $t \to \infty$ 时，由初始状态引起的系统响应 $x(t)$ 趋近于 x_0，则称系统的平衡状态为渐近稳定的。

如果系统的平衡状态 x_0 是渐近稳定的，并且其引力域包括整个状态空间，则称系统的平衡状态为大范围渐近稳定的，或称全局渐近稳定。

无论实数 δ 选得多小，由初始状态引起的系统相应随时间的增长都要脱离球域 $S(\varepsilon)$，则此平衡状态是不稳定的。

将 $F(x)$ 在系统的平衡状态 x_0 附近展开为泰勒级数，式 6－2 化为：

$$\frac{dx}{dt} = 0 + \left.\frac{\partial F(x)}{\partial x^T}\right|_{x = x_0} + G(x) \qquad \text{式 } 6-3$$

其中：$G(x)$ 为级数展开中的高次项，$\left.\frac{\partial F(x)}{\partial x^T}\right|_{x = x_0}$ 为函数 $F(x)$ 的雅可比矩阵，即

$$\left.\frac{\partial F(x)}{\partial x^T}\right|_{x=x_0}=\left.\begin{pmatrix}\frac{\partial f(X,\ Y)}{\partial X} & \frac{\partial f(X,\ Y)}{\partial Y}\\ \frac{\partial g(X,\ Y)}{\partial X} & \frac{\partial g(X,\ Y)}{\partial Y}\end{pmatrix}\right|_{X=A,Y=\frac{B}{A}}\equiv D$$

通过计算得到 $D=\begin{pmatrix}B-1 & A^2\\ -B & -A^2\end{pmatrix}$，则系统的线性化方程为$\frac{dx}{dt}=Dx$，其特征方程为

$$|\lambda I-D|=\begin{vmatrix}\lambda-B+1 & -A^2\\ B & \lambda+A^2\end{vmatrix}=0$$

也即

$$\lambda^2+(A^2+1-B)\lambda+A^2=0 \qquad \text{式 6－4}$$

根据特征方程式 6－4 根的不同情况，用曲线

L_1：$B=A^2+2A+1$，

L_2：$B=A^2+1$，

L_3：$B=A^2-2A+1$

将 AOB 平面的第一象限分为五个区域（见图 6－3）。

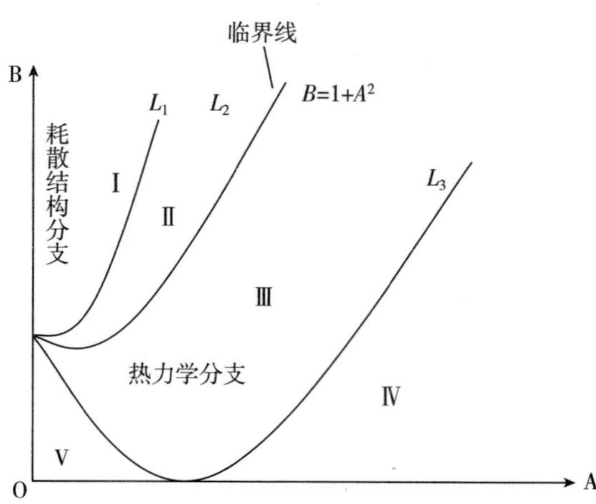

图 6－3　分支图

式6－1的奇点依式6－4的根的不同取值有如下的特性：

（1）如果特征方程6－4有两个不同的实根 λ_1，λ_2，则 $\lambda_1\lambda_2=A^2>0$（即 $A\neq0$，λ_1，λ_2 同号）时奇点 $P\left(A,\ \frac{B}{A}\right)$ 为结点。此时，当 $\lambda_1<0$ 时，结点是稳定的，对应的零解为渐近稳定的，但当 $\lambda_1>0$ 时，奇点是不稳定的结点。

（2）如果特征方程6－4具有一个二重根，则该重根为 λ，则称奇点 $P\left(A,\ \frac{B}{A}\right)$ 为临界结点，此时必须满足条件 $B=A^2\pm2A+1$。当 $\lambda<0$ 时，该奇点为稳定的临界结点；当 $\lambda>0$ 时，奇点 P 为不稳定的临界结点。

（3）如果特征方程6－4的根为一对共轭复根 λ_1，λ_2，则 $\lambda_1=\bar{\lambda}_2$，$\bar{\lambda}_2\lambda_2>0$。当 $Re\lambda_1\neq0$ 时，奇点 $P\left(A,\ \frac{B}{A}\right)$ 为螺旋线族的焦点，且当 $Re\lambda_1<0$ 时，该焦点是稳定的；而当 $Re\lambda_1>0$ 时，该焦点是不稳定的；当 $Re\lambda_1=0$ 时，该奇点为圆族的中心。

图6－3中显示了要素禀赋的输入和企业各种价值活动的最初组合的价值增值状态在系统演化路径选择中的决定作用。从图6－3中可以看出，在区域Ⅰ中，$B>(A+1)^2$，$P\left(A,\ \frac{B}{A}\right)$ 是特征方程式6－1的不稳定结点；在区域Ⅱ中，$A^2+1<B<(A+1)^2$，$P\left(A,\ \frac{B}{A}\right)$ 是特征方程式6－4的不稳定焦点；在区域Ⅲ中，$(A-1)^2<B<A^2+1$，$P\left(A,\ \frac{B}{A}\right)$ 是特征方程式6－4的稳定焦点；在区域Ⅳ和区域Ⅴ中，$B<(A-1)^2$，$P\left(A,\ \frac{B}{A}\right)$ 是特征方程式6－4的稳定结点。

在曲线 L_1 上，由于满足 $B=(A+1)^2$，特征方程具有二重实根 $\lambda=A$，$P\left(A,\ \frac{B}{A}\right)$ 是不稳定的临界结点；在 L_3 上，满足 $B=(A-1)^2$，特征方程具

有二重实根 $\lambda=-A$，则 $P\left(A,\ \frac{B}{A}\right)$ 是稳定的临界结点；而在 L_2 上时，$B=A^2+1$，特征根为 $\lambda=\pm Ai$，由于 $Re\lambda=0$，奇点 $P\left(A,\ \frac{B}{A}\right)$ 是附近轨线的中心。

二、极限环的存在及系统的自组织过程

当奇点是不稳定的焦点或结点时，由环域定理得知，如 $B\geqslant 1+A^2$，则至少有一个极限环存在（见图 6-4）。

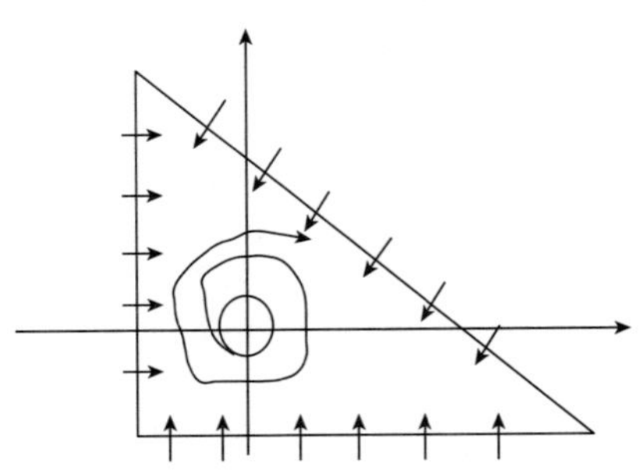

图 6-4　极限环

也就是说，在此区域边界上，系统处于临界状态，系统要素之间非线性相互作用引起的各种涨落扰动的随机涨落力，如一项重大发现、发明的产生，产品的重要技术突破，一批高水平科技、管理人才的引入，一项重要 R&D 项目立项，甚或一项政策出台，都会引起涨落，使系统失稳，系统子系统之间既有合作又有竞争，使企业的基本活动和辅助活动的组合模式呈现多种不同的状态。在临界点上，有些变量阻尼较大，衰减较快，弛豫时间长，为慢弛豫变量；有些变量则是“转瞬即逝”，为快弛豫变量，对系统演化进程难以起到主导作用。因此，在临界点上，我们可以对快弛豫变量的效

应忽略不计，而着重研究能够决定系统最终状态的慢弛豫变量的变化。根据自组织理论，当系统组成要素大于三，要素之间存在非线性关系，系统在开放的条件下，自组织机制发挥作用。系统自组织的根本动力来自于系统内部非线性相互作用使系统表现出合乎规律的运动，系统内部因素的自发调节是最优调节（蒋珩，2014）。Haken（1977）认为，系统内部各个子系统之间的竞争和协同，促进系统自组织演化，其演化过程遵循协同学原理，自组织是系统由无序走向有序的过程。由此可见非线性相互作用的效用可简化为协同和竞争，协同导致有序，竞争促进发展。系统内部子系之间的协同合作使系统在结构更新过程中，代表新状态的慢弛豫变量以指数规律迅速增大而跃居支配地位，成为宏观状态参量即序参量——利润，此时序参量利润主宰着系统的演化，而 X 和 Y 的非线性相互作用提供了系统演化的多样性，即这种相互作用既决定着一个系统失稳的临界点，又决定着系统失稳之后的分支途径，临界点当然不止一个，分支线也会有若干条。分支途径一：关键核心技术研发已取得突破，科技成果转化为原型产品，即“死亡之谷”成功穿越，但主要产品频繁变化；分支途径二：核心技术有所创新，但由于 X 和 Y 相互作用未形成足够的协同力，科技成果难以转化为原型产品，只能束之高阁；分支途径三：技术研发未获得实质性进展，研发投资难以收回。

极限环的存在说明：当系统演化到临界点时，某些小涨落适逢其时，在相干效应的作用下不断强化，迅速发展成足以引导并决定产业走向的“巨涨落”，推动系统由原来的不稳定结构跃迁到新的耗散结构分支，这个由小涨落放大而成的“巨涨落”就成为一个新兴产业部门；分支途径的存在说明即使在政府政策扶持下，技术创新能否获得突破，以及技术创新突破后能否实现产业化仍然存在不确定性。由此可知，当系统在序参量利润的役使下，选择了分支途径一即耗散结构分支，进入环域区域时，则呈现周期振荡的有序状态。至于系统能否演化到此边界附近则是由初始条件即要素禀赋决定的，当系统不能演化到此边界附近时，则会选择热力学分支。

综合以上分析可得到，当 $B > 1 + A^2$ 时，存在极限环。当 $B > 1 + A^2$ 和 $B < 1 + A^2$ 时部分轨线如图 6－5 和图 6－6 所示，在 L_2 上，热力学分支与耗散结构分支的分叉边界如图 6－4 所示。

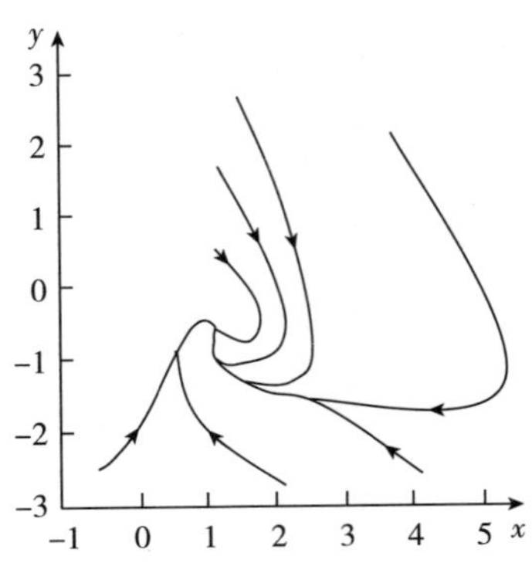

图 6－5　轨线图一

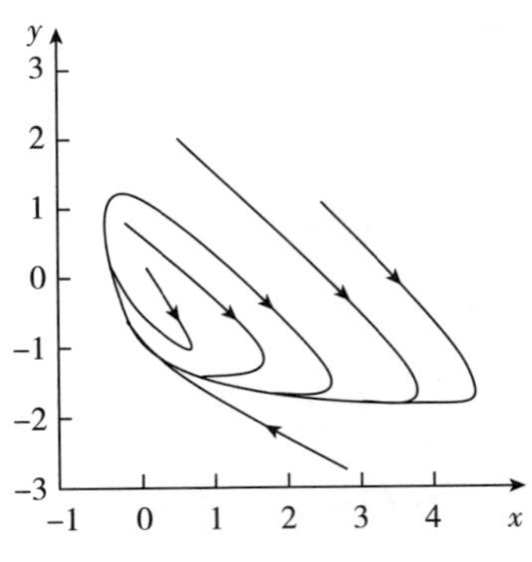

图 6－6　轨线图二

三、数值解的计算及结果分析

上述是在假定企业内不同生产经营活动中 x、y 的“浓度”也就是 x、y

带来的利润总是均匀的前提下的，若考虑反应空间扩散过程，即战略性新兴产业的演化过程，则动力学方程应为

$$\begin{cases} \dfrac{\partial x}{\partial t} = A + x^2 y - (B+1)x + g_1 \dfrac{\partial^2 x}{\partial r^2} \\ \dfrac{\partial y}{\partial t} = Bx - x^2 y + g_2 \dfrac{\partial^2 y}{\partial r^2} \end{cases} \qquad \text{式 } 6-5$$

这里 x 表征战略性新兴产业系统基本活动的价值增值状态，y 表征战略性新兴产业系统辅助活动的价值增值状态，x，y 是时间标度 t 和空间标度 r 的函数，g_1 和 g_2 是扩散常数，$x(r, t)$ 和 $y(r, t)$ 满足两个边界条件：$x(0, t) = x(1, t) = a$，$y(0, t) = y(1, t) = \dfrac{b}{a}$可以得到方程的定态解为 $x = a$，$y = \dfrac{b}{a}$。本节根据上述边界条件和定态解，计算自创区战略性新兴产业系统演化的数值解，由于自创区经济发展或处于投资导向或处于创新导向，战略性新兴产业的发展对自然资源无依赖性，可假定 $A = 1$，参数 B 根据自创区非自然要素禀赋因子综合得分排名倒序赋值，即排名最后的 $B = 1$，排名倒数第二的 $B = 2$，依次类推，则排名第一的 $B = 17$，设初值 $a = 1$，$b = 3$，计算 $r = 3$，$t = 10$ 的运算结果，将之与 2015 年真实利润对比如下（见表 6－1）：

表 6－1　数值解排名与真实利润排名对比

地区	A	B	x（排名）	y（排名）	真实利润（千万元）（排名）
1. 北京中关村	1	17	0.5051（15）	3.8844（3）	29035（1）
2. 武汉东湖	1	16	0.7205（6）	3.5936（12）	5617（8）
3. 上海张江	1	15	0.5374（13）	3.8442（5）	13340（2）
4. 深圳市	1	14	0.957（3）	2.9951（15）	5273（9）
5. 江苏苏南	1	13	0.477（17）	3.9187（1）	8409（4）
6. 湖南长株潭	1	12	0.6818（7）	3.6507（11）	4325（11）

续表

地区	A	B	x（排名）	y（排名）	真实利润（千万元）（排名）
7. 天津滨海	1	11	0.6495（8）	3.6963（10）	6464（6）
8. 成都高新	1	10	1.1723（2）	2.6627（16）	3199（13）
9. 西安高新	1	9	0.5754（11）	3.7957（7）	5633（7）
10. 杭州高新	1	8	0.5973（10）	3.767（8）	4328（10）
11. 广东珠三角	1	7	0.4906（16）	3.9022（2）	10127（3）
12. 河南郑洛新	1	6	1.3264（1）	2.3954（17）	4155（12）
13. 山东半岛	1	5	0.5206（14）	3.8652（4）	7791（5）
14. 辽宁沈大	1	4	0.6218（9）	3.7343（9）	1483（17）
15. 福建福厦泉	1	3	0.5555（12）	3.8212（6）	1524（16）
16. 安徽合芜蚌	1	2	0.7699（5）	3.5163（13）	1594（15）
17. 重庆高新	1	1	0.8428（4）	3.3896（14）	1750（14）

注：由于前面章节分析自创区要素禀赋时使用的是2015年的数据，此处使用2015年的净利润与之对应，数据来源于《中国火炬统计年鉴2016》。

前已述及，x 的状态包含 y 的活动，y 的状态包含 x 的活动，表6－1中 x 的数值解可以用以解释企业技术研发未取得进展时的价值增值活动的能力，也就是以基本活动为主的价值增值活动能力，y 的数值解可以用以解释技术研发取得突破时的价值增值能力，从表6－1中可以看到，各自创区 y 的排名与真实利润的排名极为接近，如长株潭、西安高新、重庆高新 y 的排名与真实利润排名完全一致，北京中关村、上海张江、江苏苏南、成都高新、杭州高新、广东珠三角、山东半岛、安徽合芜蚌 y 的排名与真实利润的排名相隔不超过三个位次。这说明：第一，该模型能较好地模拟自创区战略性新兴产业系统的演化，其计算结果能用于比较不同地区的战略性新兴产业盈利能力的大小；第二，对 A 和 B 的赋值方法较为科学合理。自创区中自然要素已非产业发展的主导要素，也就是说这些地区已摆脱了资源依赖型发展模式，因此可以假定各自创区自然要素 A 对其产业发展的影响是一样的。非自然要素特别是高级生产要素如高端专业化人力资源、知识资源、制度资源等才是影响战略性新兴产业发展的主导要素，也就是说，B 的大小影响到这些地区战略性新兴产业的盈利能力。因此，按自创区非自然要素禀赋因子得分排名，采取科学方法对 B 赋值，能得到具有较强解释力的结果。

第三节 系统的适应维生机理

自创区战略性新兴产业系统是由许多的企业主体相互作用、相互适应，共同构成的一个有生命力、有适应力的系统，该系统中每一个细分产业都具有某种同一属性的经济活动的集合，相对于企业来说，它是同类企业的集合体，这种集合体可以看作由多个主体构成的主体群。Holland 认为资源和位置两个条件因子是主体群存在的基本环境，是主体群生存的基础条件。在自创区战略性新兴产业系统中，环境输入系统的资源由自创区的要素禀赋决定，主体的位置即市场，企业主体在多个位置上交互作用，一个位置也可以容纳多个主体，如企业在生产资料市场上购进原材料，在人力资源市场上引进高层次人才，在产品市场上销售产品，同时每个市场有多个企业参与市场活动。

各自创区要素禀赋的差异决定了其战略性新兴产业的“基因”，即原创性的核心技术可能的突破领域，当技术创新转化为原型产品，也就是“死亡之谷”穿越后，企业还只是单个“种子”。要实现产业化，也就是穿越“达尔文之海”，即使单个“种子”逐渐演变成为一个有组织的、复杂的聚集体，还需五种机制充分发挥作用。一是允许选择性交互作用机制。在市场上两个企业主体并不是只要相遇就可以进行交互作用，还要看是否符合相互作用的交换条件，即供求双方是否能在品种、数量、质量、价格上达成一致。二是允许资源变换机制。企业主体将被赋予把一种资源或要素变换成另一种资源或产品的能力，即生产能力。企业主体必须购进足够的资源，并具备加工、利用好重组资源的能力，才可能生产出产品。三是主体相互黏着机制。黏着机制提供了一种形成多主体聚集体的方法。企业主体选择性地相互黏着，并且形成“层次”，如前向一体化、后向一体化，结果它们能够作为一个整体运动和交互活动。聚集体中的企业主体还可通过分工和专业化，更有效地配置和利用资源，从而更迅速地增加利润。四是允许选择性交配机制。企业主体可以有选择地与其他主体结合，通过交叉组合形成企业集团。五是条件复制机制。即只有当企业主体的复制条件由多主体中其他主体的活动所满足以后，它才可以“繁殖”（黄欣荣，2011）。通过这些相互作用的机制，企业主体间具有了相互适应性和对环境的适应性，并在环境中获得其生存能力和发展空间。

当自创区战略性新兴产业从形成期进入成长期时，“基因”的复制、表达和修复的进程加快，新开办和进入的企业迅速增加，且骨干企业发展势头强劲，相关企业主体相互联系并初步建立网络关系，开始具备一定的产业自我强化和锁定（技术锁定、人才锁定等）功能，跃迁为主导产业和支柱产业的可能性增大（刘思峰等，2014）。

[参考文献]

[1] Holland, J. H.. Hidden Order: How Adaptation Builds Complexity [M]. New York: Addison – Wesley, 1997.

[2] Haken, H.. Synergetics: An Introduction [M]. Berlin: Springer, 1977.

［3］［美］迈克尔·波特．竞争优势［M］．陈小悦译．北京：华夏出版社，1997.

［4］周华．基于价值创造的生产性服务业研究[J].湖南社会科学，2013（1）：139－143.

［5］蒋珩．基于自组织理论的战略性新兴产业系统的演化：不确定性和跃迁[J].科学学与科技管理，2014（1）：126－131.

［6］黄欣荣．复杂系统的适应维生方法[J].系统科学学报，2011（3）：18－24.

［7］刘思峰等．战略性新兴产业生长机理研究［M］．北京：科学出版社，2014.

第七章　国家自主创新示范区战略性新兴产业系统宏观状态分析

第一节　系统宏观状态的涌现

涌现是指系统由于内部组分的微观相互作用而出现新的宏观功能和结构。Jeffrey Goldstein 认为，涌现是指在复杂系统的自组织过程中涌现出新的、连贯的结构、类型和性质，相对于它们所出自的微观水平的分量和过程，涌现现象被定义为在宏观水平上出现的现象（金吾伦，2000）。在系统新的宏观状态的涌现生成中，人工系统一般都是通过人工这个外在的组织力量，根据设计者的目的而进行组织和设计，朝着设计者的目标而发展，然而人工组织起来的被组织系统，基本上没有自我演化和不断进化的能力。自然界中的涌现生成系统，基本上都属于自组织系统，其组织的动力来自系统的内部，来自生成主体之间的相互作用。生成主体在没有外部设计者的干预或不存在某种中央化形式的内部控制的情形下，内部结构自身能够发生进化（黄欣荣，2012）。自创区战略性新兴产业系统既不是完全的人工系统也不是完全的自然界涌现生成系统，它最初是由自创区政府根据当地经济发展战略、经济发展状况、产业结构以及其他影响产业发展的因素进行规划设计并培育的，但由于在战略性新兴产业的发展中，要实现向先导产业、主导产业和支柱产业的跃迁，也就是系统涌现生成新的宏观结构，自主创新和市场机制的作用至关重要，而这两者是无法用中央计划的方式设计实现的，只能是系统内部多主体相互作用相互适应的自组织行为才能实现。涌现和自组织是一对双胞胎，所不同的是，涌现强调的是系统自发形成新的宏观结构，而自组织强调的却是系统在形成新的宏观结构过程中组分之间的相互作用。系统内部多主体相互作用自身具有若干重要特征，具有丰富多样的相互作用形式。首先，相互作用是非线性的，只有非线性才能产生小原因可能导致大结果，线性相互作用只能产生加和效应，不能产生放大效应。其次，相互作用常常是作用于某个相对小的短程范围，即主要是从直接相邻接受信息。最后，相互作用是通过反馈回路来实现的。

自创区战略性新兴产业系统向先导产业、主导产业和支柱产业跃迁的过程是一个涌现生成过程，生成主体之间并非可以随意、随机进行组合，而是也要受到一些规则的限制，是“受限生成过程”。所谓受限生成过程就是生成主体根据某些规则的限制条件进行功能耦合，生成出新的状态的动态行为，也是系统涌现生成的具体发生、演变的状态遍历过程（Holland，2001）。这个过程有三个特点：一是所谓受限就是产生涌现的生成主体要受到一些规律、规则的约束或限制，也就是说战略性新兴产业的发展要遵守市场规则，受市场机制的引导，遵循产业生命周期规律。如果没有任何约束，其状态空间当然是最大，但不一定能产生涌现行为。二是所谓生成就是生成主体在规律、规则的约束之下，根据生成规则进行各种可能的生成演化活动。整个复杂系统及其涌现生成过程的关键就是由少数几条简单的规则支配的主体构件（即生成主体）在其大量的相互作用的反复迭代中产生出巨大的复杂性和涌现性、不可预测的新颖性和不可还原的整体性的过程。三是所谓过程就是强调涌现生成是一个需要时间展现的动态行为，也就是说从战略性新兴产业到先导产业，再到主导产业和支柱产业的涌现生成行为并不是一步到位的事情，而是随着事物的发展逐渐地展开。战略性新兴产业在产业生命周期开始时处于产业形成期；当涌现生成为先导产业时，进入产业成长期；当再次涌现生成为主导产业和支柱产业时，进入产业成熟期。

自创区战略性新兴产业系统的整体涌现性也是环境塑造系统的结果，自创区环境提供系统生存发展的资源，并施加一定的限制和压力，对系统的生存、运行、演化的评价和选择起到一定的作用。系统涌现生存先导产业、主导产业和支柱产业不仅是企业主体之间的非线性相互作用，也是自创区环境的参与，是系统与环境的整合，是系统与环境建立稳定有序的互动互应关系。战略性新兴产业系统在与自创区环境相互作用过程中，主动评价，适应自创区环境，并形成适宜生存的形态，这一过程就是系统学习的过程。一个不具备学习能力的系统，不可能适应复杂的环境，也就不可能产生真正的涌现现象。

第二节　系统耗散结构分支分析

在国家自主创新示范区战略性新兴产业系统中，系统与环境、系统内各子系统之间反复进行的相互作用是系统发展和进化的基本动因，系统的演化包括新层次的产生、分化和多样性的出现，新兴产业的形成和发展都是在微观基础上逐步衍生出来的。根据耗散结构理论，国家自主创新示范区战略性新兴产业系统的演化过程，可以用图 7－1 简单表明。

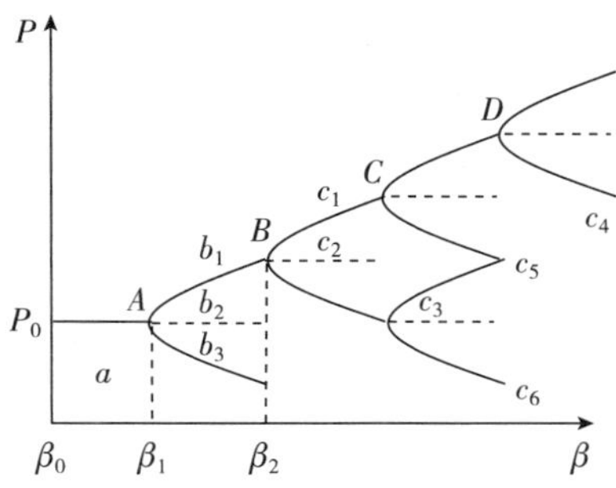

图7－1　分支演化

图中，P 为系统的状态量，β 为创新禀赋。一般来说，若系统离开平衡定态不远时（近平衡区），即影响系统的某个参数 β 不大时，可得到一个单一的热力学分支解，即图 7－1 的 a 段，此时战略性新兴产业中拥有自主知识产权的关键核心技术尚未突破。

当系统保持足够的开放度，高层次流动性生产要素可自由流动，并能在自创区环境中驻留，则可使 β 超过某一特定值，即阈值 $\beta_1 \geqslant \beta_0$ 时，在 A 点之后出现二分支，得到三个解：b_1、b_2、b_3，其中 b_2 是不稳定的（虚线），b_1、b_3 是稳定的（实线）。在 b_2 时，系统演化达到临界点，此时系统的自组织、自适应、自驱动功能使得系统内部各子系之间既有协同又有竞争，将会产生扰动系统的随机力。当随机力的作用引起一部分子系发生巨涨落时，如关键核心技术获得突破并转化为原型产品，选择分支 b_1，走出“死亡之谷”，这一类子系统宏观状态发生非平衡相变，从无序走向有序，进入系统极限环。而随机力的作用未引起巨涨落的那部分子系，如关键核心技术未成功转化为原型产品（如发明专利被束之高阁），系统则会选择分支 b_3，此时该产业夭折。

当 β 更大时，例如达到 β_2 之后，又会出现第二分支，在 B 点之后会出现 c_1、c_2、c_3 三个解，形成分支的分支。这说明战略性新兴产业源于自主创新的核心技术成果转化成原型产品后，能否产业化仍然存在不确定性，如批量化规模生产能力不足、产业链不配套、在位者打压、服务体系不完整、产品标准的限制等约束条件都会使产业化出现困难。这些约束条件的改善，有赖于战略性新兴产业系统与外界能否进行充分的物质、能量、信息交换。这时产品在技术上和商业上都处于不断摸索阶段，还需要更多的创新才能满足特定的技术指标，这个阶段也是主导设计的技术选择阶段。这一阶段系统中的产业领导者尚未出现，大量中小企业根据市场需求信息的输入尝试多种多样的产品创新进行主导设计的竞争，竞争中任何一个企业的技术创新和产品设计的变化都使系统呈现出不同的可分辨状态。当系统完全开放，流动要素的自由流动无阻碍时，系统子系之间相互作用有可能再次造成系统的巨涨落，当其中一些子系统率先突破系统的既有的极限环时，如最终出现了一个将技术资源与市场需求联结起来的、代表优秀产品的主导设计（Francis et al.，2005），同时得到其他子系以及市场的响应时，就会出现巨涨落，即围绕主导设计建立起完整的产业链和关联企业群，获取足够的市场规模和充足的用户，这时在系统中便出现了由关联所决定的子系统之间的协同运动，这种协同力促使系统从这种不稳定状态 c_2 跃迁到高层次的极限环，形成一种新的稳定的有序状态 c_1，即企业大规模生产使制造效率大大提高，成本快速下降，规模效益逐渐体现，市场占有率大幅度提高。因此，我国战略性新兴产业如能在主导设计的竞争中胜出，就意味着系统跨越各层次的相互关系所引起的组织效应，使系统组织化程度大大提高，系统再次发生非平衡相变，宏观结构再次发生改变，进入新的有序状态，从低级有序走向高级有序，从而形成耗散结构。也就是说“达尔文之海”亦成功穿越，战略性新兴产业发展为先导产业或进入高速成长期已成为大概率事件。反之，某些选择分支途径 c_3 的子系，产业发展就会在高组织态和低组织态之间产生一个随机漂移。也就是说，这些产业的产品生产就很难达到一定量级的市场规模，原型产品难以实现产业化（蒋珩，2014）。

同理，在先导产业跃迁为主导产业，或高速发展的新兴产业跃迁为支柱产业时，即产业发展从成长期进入成熟期时，系统宏观状态跃迁过程亦如此。

综上所述，自创区战略性新兴产业系统在进化中有多个分支途径，系统各子系——细分产业并非同时选择同一途径，每一个子系不同的选择都会使系统呈现出不同的宏观状态。因此，系统演化结果具有多样性特征。

第三节　系统向主导产业和支柱产业跃迁的标志

从产业生命周期来看，战略性新兴产业系统穿越“达尔文之海”后处于产业生命周期成长期，其中一部分细分产业子系统演化为先导产业，一部分演化为高速成长的新兴产业，这些产业的特点是市场潜在需求巨大，技术先进，代表产业发展方向，发展速度快，增长率高，有的还具有很强的带动其他产业发展的能力，能够引起产业结构的变动，可能发展成为主导产业。进入成熟期后，虽然并非每一个细分产业子系统都是主导产业和支柱产业，但其中多数细分产业子系统将会成为主导产业和支柱产业。主导产业是指在产业发展中处于技术领先地位的产业，它代表了产业结构演变的基本方向或趋势，对整个国民经济发展具有明显的促进作用，能带动整个产业结构走向高级化。支柱产业是指在国民经济中所占比重最大，具有稳定而广泛的资源和产品市场的产业，支柱产业构成一个国家或地区产业体系的主体，提供大部分的国民收入，因而是整个国民经济的支柱。主导产业和支柱产业有发展程度的差别，两者在时间上一般呈现为后者对前者的继起，前一时期的主导产业成为后一时期的支柱产业（史忠良，2005）。

国家自主创新示范区战略性新兴产业系统向主导产业和支柱产业跃迁的过程也就是系统的进化过程，在进化过程中选择 $a—b_1—c_1$ 的子系将成功实现向主导产业和支柱产业的跃迁，这些成功实现跃迁的子系使整个系统的宏观状态表现为一种层次清晰的高级有序状态。成功实现跃迁的标志是：第一，技术上的成熟。这意味着这一产业普遍采用的是具有一定先进性、稳定性的技术。第二，产品上的成熟。产品成熟是产业成熟的主要标志，表现在产品基本性能、式样、功能、规格、结构成熟，且已被消费者习惯使用。第三，生产工艺的成熟。成熟的生产工艺是产品质量稳定的保证。第四，产业组织上的成熟。这意味着产业内市场运作规则合理，市场结构合理。此时，产业增加值在 GDP 中的比重在 5% 左右（史忠良、何维达，2004）。

第四节　系统的有序度测量

从复杂科学的视角来衡量系统的有序度通常是借用热力学中“熵”这个概念来量度。热力学第二定律指出：对于一个非平衡的孤立的系统，它的熵总是自发的趋向最大，最后达到平衡态，即 $ds/dt \geq 0$。换句话说，熵越低，其非平衡程度越高，有序程度越大；随着熵的增加，非平衡态逐步转化为平衡态，有序程度越来越低，最后完全变成无序的混乱状态。Prigogine 等学者指出，对于一个与外界有分子和能量交换的开放系统来说，熵的变化可以分为两个部分：一部分是系统本身由于不可逆程度引起的熵增加（dis），这项永远是正的；另一部分是系统与外界交换分子和能量引起的熵流（des），这项可正、可负、可为零。整个系统的熵的变化“ds”，就可以写作两项之和：

ds = des（熵流） + dis（熵产生）。

根据热力学第二定律，恒有 dis ≥ 0。孤立系统中根本没有熵流，因此 des = 0，在开放系统中，熵流 des 可以大于或小于零。如果 des 为负值，其绝对值又大于 dis，则 ds = des + dis < 0，这时总熵可以逐步减小，使系统从无序趋向于新的有序。形成有序之后，如 dis = - des，ds = 0，则系统可维持一个低熵的非平衡定态的有序结构。Prigogine 采取了 Erwin Schrödinger 最早提出的负熵流的概念，使得在不违反热力学第二定律的条件下，非平衡系统可以通过负熵流来减少总熵，达到一个新的稳定的有序状态，即耗散结构状态。

对于国家自主创新示范区战略性新兴产业系统有序度的测量可借助 Claude Elwood Shannon（1948）的信息熵的公式。Shannon 在进行信息的定量计算的时候，明确地把信息量定义为随机不定性程度的减少。这就表明了他对信息的理解：信息是用来减少随机不定性的东西。或者 Shannon 逆定义：信息是确定性的增加。“信息熵”这个词是 Shannon 从热力学中借用过来的，热力学中的热熵是表示分子状态混乱程度的物理量，Shannon 用信息熵的概念来描述信源的不确定度。当系统的各种状态出现的概率不等时，每种状态的信息量为 $-\log_2 p_2$，则所有信息量的加权平均为

$$H = \sum_{i=1}^{n} p_i \log p_i \qquad \text{式 } 7-1$$

其中，$i = 1, 2, \cdots, n$ 为所有可能的状态数，p_i 为每种状态出现的概率，$\sum_{i=1}^{n} p_i = 1$。式 7 - 1 反映了系统的宏观状态的多样性，叫作系统的熵。当各种状态的概率相等时，系统达到其最大熵。系统的不确定性越大，则消除不确定性后获得的信息量也越大，所以信息量的获得是种负熵的增加，当国家自主创新示范区战略性新兴产业系统中各种可能状态的验前概率都相等时，系统达到最大负熵，实际上由于受到各种约束，验前概率不可能完全相

等，因此系统的实际负熵总是小于其最大负熵。

假设某国家自主创新示范区年总产值为 A，其中战略性新兴产业年产值为 A_i，将 i 产业年产值占该自创区年总产值的比例 P_i 作为概率，有 $P = A_i/A$，定义自创区战略性新兴产业系统有序度为其信息熵的绝对值，则

$$H = -\sum_{i=1}^{n} P_i \ln P_i = -\sum_{i=1}^{n}\left(\frac{A_i}{\sum_{i=1}^{n} A_i}\right)\ln\left(\frac{A_i}{\sum_{i=1}^{n} A_i}\right) \quad \text{式 } 7-2$$

根据式 7－2 计算国家自主创新示范区战略性新兴产业系统有序度如表 7－1 所示。

表 7－1　国家自主创新示范区战略性新兴产业系统有序度值及排名

地区	有序度值
1. 北京中关村	0.3649（4）
2. 武汉东湖	0.2638（14）
3. 上海张江	0.3673（2）
4. 深圳市	0.3284（12）
5. 江苏苏南	0.3651（3）
6. 湖南长珠潭	0.331（10）
7. 天津滨海	0.2854（13）
8. 成都高新	0.363（5）
9. 西安高新	0.2477（16）
10. 杭州高新	0.3619（6）
11. 广东珠三角	0.3678（1）
12. 河南郑洛新	0.3558（7）
13. 山东半岛	0.3538（8）
14. 辽宁沈大	0.2523（15）
15. 福建福厦泉	0.3386（9）
16. 安徽合芜蚌	0.3287（11）
17. 重庆高新	0.2414（17）

从表7－1中可以看出，广东珠三角、上海张江、江苏苏南、北京中关村、成都高新、杭州高新、河南郑洛新、山东半岛战略性新兴产业系统有序度较高，因此，这些地区战略性新兴产业系统中的子系，即一些细分产业，将率先成长为该地区国民经济的主导产业和支柱产业。

［参考文献］

［1］Francis, J., Bercovitz, J. & Feldman, M.. Creating a Cluster While Building a Firm: Entrepreneurs and the Formation of Industrial Clusters［J］. Regional Studies, 2005 (1): 129－141.

［2］［美］约翰·H. 霍兰（John H. Holland）. 涌现——从混沌到有序［M］. 陈禹译. 上海：上海科技出版社，2001.

［3］［美］詹姆斯·格雷克. 信息简史［M］. 高博译. 北京：人民邮电出版社，2013.

［4］金吾伦. 生成哲学［M］. 保定：河北大学出版社，2000.

［5］黄欣荣. 复杂性科学方法及其应用［M］. 重庆：重庆大学出版社，2012.

［6］蒋珩. 基于自组织理论的战略性新兴产业系统的演化：不确定性和跃迁［J］. 科学学与科技管理，2014（1）：126－131.

［7］史忠良. 产业经济学［M］. 北京：经济管理出版社，2005.

［8］史忠良，何维达. 产业兴衰与转化规律［M］. 北京：经济管理出版社，2004.

第八章　研究结论及政策和发展措施建议

第一节　研究结论

一、自创区集聚和集中了大量的高级生产要素

自创区分为城中开发区、城市群、整体城市三大类，在获批为自创区前，均经过多年的高新区建设，其中，城中开发区类建设高新区历史均在20年以上，城市群类中心城市建设高新区历史亦在20年以上，卫星城市60%以上建设高新区历史在10年以上，整体城市类目前只有深圳为自创区，而深圳作为经济特区规划建设已达38年之久。各自创区在高新区或经济特区的建设过程中集聚和集中了大量高级生产要素。主要表现在以下方面：

首先，各自创区所在的省市经过多年的高新区或经济特区建设，进行了大量的基础设施投资，道路、桥梁、港口、铁路、机场、城市轨道交通等建设较为完善，中小学、医院、图书馆等较为齐全，移动电话网络、宽带网络、数字电视系统接近全覆盖，近年来更是加快了国际航班航站楼、城际轨

道交通线路建设。现代化的社会化、生活化基础设施日渐完善，不仅使企业对自创区的区位满意度大为提高，有利于吸引更多的企业进驻，而且便捷的交通网络、舒适宜人的生活环境也能吸引高端人才举家定居。也就是说，对高级流动生产要素起到了吸附和锁定作用。其次，各自创区所在城市均为中高层次的高校和科研院所较为集中的地区，高端人力资源、知识资源较为丰裕，再加之，各地先后出台了“人才计划”，更是吸引了大量海内外人才。最后，各自创区当地政府在体制机制创新方面先行先试，大胆实践，为产业发展提供了制度保障。

二、自创区战略性新兴产业系统的演化过程是自组织机制和适应维生机制的作用过程

当系统输入变量特别是高级生产要素达到某一阈值，自创区战略性新兴产业系统原有的稳定域被打破，系统内各子系间非线性相互作用使系统自组织机制发挥作用，系统各子系间既竞争又协同，当系统趋于临界点时，各子系的协同运动使系统内的微涨落放大为巨涨落。此时，若系统与外界进行充分的物质信息能量的交换，系统有可能穿越“死亡之谷”，技术创新转化为原型产品，实现从无序到有序的进化。同理，系统穿越“达尔文之海”时，自组织机制的作用有可能使系统实现从低级有序到高级有序的进化。当系统成功穿越“达尔文之海”后战略性新兴产业进入高速成长期，其向主导产业和支柱产业跃迁已成大概率事件。

自创区战略性新兴产业系统中的企业是具有适应性的主体，在与环境和其他主体持续不断的交互作用的过程中，不断地“学习”或“积累经验”，并且根据学到的经验改变自身的结构和行为方式，在这个基础上逐步出现整个宏观系统的演变或进化。

三、高级生产要素的赋存状态在一定程度上决定了自创区战略性新兴产业系统能否涌现生成主导产业和支柱产业系统

自创区战略性新兴产业系统是一个开放的复杂系统，由于各自创区经济发展或处于创新导向阶段或处于投资导向向创新导向过渡阶段，现代化的基础设施、高端人力资源、知识资源、制度等高级生产要素成为经济发展的主导要素，因此高级生产要素的赋存状态是系统的重要环境特征，在一定程度上决定了国家自创区战略性新兴产业系统能否涌现生成主导产业和支柱产业系统。

首先，高级生产要素的赋存状态决定了系统输入变量的种类、多少，当系统远离平衡态时，系统输入变量则决定着系统内各组分间的非线性作用能否使系统演化到临界点，系统演化到临界点是系统跃迁的必要条件之一。

其次，高级生产要素的赋存状态决定了各自创区适宜培育的战略性新兴产业的“基因”。当自创区政府根据本地“基因”选择合适的战略性新兴产业培育时，该产业涌现生成主导产业和支柱产业系统的可能性就大，反之则小。

最后，高级生产要素的赋存状态决定了系统涌现是否具有合适的外在条件。战略性新兴产业生成主体只是提供了涌现生成的种子，非线性相互作用、自组织、受限生成过程等，都是系统涌现的内在逻辑机制，仅仅有这些，涌现还不可能产生，还需要合适的外在条件，能够提供系统生存发展所需的资源。

四、自创区战略性新兴产业系统演化结果具有多样性、不确定性

自创区战略性新兴产业系统的开放性、子系间非线性相互作用、系统

远离平衡态、自组织机制作用，均为系统进化的必要条件而不是充要条件，各子系也并非同时进化发展，在穿越“死亡之谷”时，面临三条途径：分支途径一：科技成果成功转化为原型产品；分支途径二：技术创新成功但难以转化；分支途径三：技术创新无实质性突破。但子系选择每一个分支途径的概率是不可测算的，时间也是无法预测的，当其中一些子系穿越了“死亡之谷”后，又存在两条分支途径，即穿越“达尔文之海”，实现产业化，或穿越失败，无法产业化。这时每个子系能够实现穿越的概率仍然无法测算，时间仍然无法预测。因此系统演化的结果就呈现出多样性和不确定性。

第二节　政策及发展措施的建议

一、有关新的自创区遴选和自创区战略性新兴产业选择的建议

现有的自创区是在长时间建设国家级高新区的基础上集中和集聚了大量的高级生产要素，这些要素构成了自创区战略性新兴产业系统的主要输入变量，是影响系统跃迁的重要变量，因此，新的自创区的遴选仍应在国家级高新区范围内进行，遴选时应将生产性社会性基础设施的完善程度、高水平大学和研究机构的数量、地方人才计划的实施状况作为主要评价指标，衡量评价其高级生产要素的丰裕度，遴选合适地区。

各自创区应差异化选择培育和发展战略性新兴产业特别是细分产业，主要应考虑：自创区现有的技术水平和产业基础；自创区所在省市高校和科研机构研发人员的比较优势；新兴产业的市场容量及其发展前景；新兴产业内

企业家才能状况；自创区的社会文化环境等因素。各自创区所在省市政府应根据本地要素禀赋的异质性特别是高级生产要素禀赋的差异选择适宜本地发展的战略性新兴产业予以扶持，如东部地区汽车产业基础雄厚，人均 GDP 和人均消费能力较高，可以重点发展新能源汽车产业；中部地区矿产资源和有色金属资源丰富，可以重点发展新材料产业；西部地区拥有丰富的水能、风能、太阳能等清洁能源，可以重点发展新能源产业。

二、有关基于技术预见的战略性新兴产业技术路线选择的建议

近 30 年在全球范围兴起的技术预见活动和以技术预见为基础制定科技经济发展战略，为自主创新提供了较好的知识管理路径。技术预见作为一种新型的、致力于把经济、社会和科技系统思考的重要方法，优化配置各种资源的宏观管理工具和编制科技发展战略规划的辅助手段，已逐渐受到许多国家政府和各类组织的普遍关注。世界经济合作与发展组织（OECD）对“技术预见”下的定义是：技术预见是对科学、技术、经济和社会的远期未来进行系统的探索过程，其目的是选定可能产生最大经济和社会效益的通用新技术。亚太经合组织（APEC）的定义与之基本相近：技术预见是对科学、技术、经济和社会的远期未来进行系统的探索过程，其目的是选定可能产生最大经济、环境与社会效益的通用新技术和战略研究领域。从这些定义中可以看到，技术预见所倡导的理念是要在通过对科学、技术、经济、环境和社会的远期未来进行“整体化预测”的基础上，“系统化选择”那些具有战略意义的研究领域、关键技术和通用技术，利用市场对资源配置的决定作用来最终实现技术发展推进的经济、环境与社会效益的最大化（李健民、万劲波，2003）。

基于技术预见的自创区战略性新兴产业的技术路线选择就是在充分考虑自创区要素禀赋结构和要素禀赋的异质性，选择既契合国家或地区的技术发

展战略，又能够有效利用现有要素资源并具有自生能力的技术。如果忽视技术预见的作用，即使要素禀赋结构较为合理、高级，要素较为丰裕，但采取的技术选择战略滞后，有可能选择的技术水平偏低，产业发展中技术选择的路径依赖性使得战略性新兴产业很难突破技术的滞后，最终很可能被市场淘汰；相反，如果不考虑要素禀赋的承载能力，选择的技术水平过高，这时技术就缺乏自生能力，不利于发挥区域要素的比较优势，技术选择战略就会失败（鞠晓伟、赵树宽，2009）。

三、有关根据产业发展态势选择扶持政策的时间、力度和种类的建议

各自创区在战略性新兴产业发展之初应制定有关产业培育、资助、扶持与保护等各项政策措施，当系统穿越“死亡之谷”时，对选择分支途径一即技术创新转化为原型产品的细分产业继续实行各项扶持政策，同时增加降低市场准入门槛政策；对选择分支途径二即技术创新难以转化为原型产品的细分产业，政府加大中介服务力度，为技术成果转化提供多方面支持；对选择分支途径三即技术创新无实质性进展的细分产业，应果断停止扶持。当系统穿越“达尔文之海”时，对选择分支途径一即原型产品实现产业化的细分产业继续实施各项扶持政策，对选择分支途径二即原型产品难以实现产业化的细分产业，分析产生阻碍的原因，如市场容量难以达到某一最低限度，则亦应放弃扶持。

当某些细分产业进入高速成长期时，政府政策应重点放在对市场公平竞争环境的维护和建立公共服务平台建设上，建立品牌保护和交易制度、产权保护和交易制度以提升产业竞争力，完善相关法律和制度以弥补市场失灵，如制定限制和纠正产业经济活动的负外部性的法律和制度（如环境污染、劳工健康）、产业的技术标准准入政策以及限制垄断企业的市场行为等。当某

些细分产业进入成熟期时，政府应充分发挥市场在资源配置中的决定作用。

四、有关战略性新兴产业各分类产业发展措施的建议

对于节能环保产业，一是要建立完善促进节能环保产业健康发展的综合法规标准体系。修订完善节能环保相关法律法规；提高节能环保准入标准，加大重点领域节能环保标准的研究、制定和修订，进一步健全节能环保标准体系；建立行业准入许可制度，提高准入门槛，促使企业高起点投入，保障节能环保产业健康发展，增强行业整体竞争力；加强节能环保工作执法队伍建设，形成一个良好的监督机制（孙伟，2010）。二是培育专业化大型企业，提高产业集中度。政府有关部门应积极推动资产重组、产业整合，形成全国性的或区域性的技能环保专业化集团（王朝华，2010）。三是大力扶持节能环保科技型中小企业。把目前各部门分散扶持中小企业技术进步的计划、基金加以有效整合，提高专业化管理运作水平。

对新一代信息技术产业，一是按照国家有关规定和技术规范开展光纤宽带网络建设，积极采取多种模式，以需求为导向，以光纤尽量靠近用户为原则，加快光纤宽带接入网络部署。二是物联网的典型应用拓展。围绕《物联网“十二五”发展规划》圈定的九大领域重点示范工程，即：智能工业、智能农业、智能物流、智能交通、智能电网、智慧环保、智能安防、智能医疗、智能家居，加大对应用前景的宣传，大力鼓励产、学、研协同创新，引导企业家和高科技人员在这个领域作有益的尝试。三是云计算。云计算产业是数字经济的基础，前期可以是在政府的引领和推动下，通过优选和规范基础设施架构，采取措施支持数据开放，建设优质的服务体系，强化云计算平台安全措施；同时推进产学研用协同攻关，带动产业链核心芯片、应用软件、关键设备、大数据平台等的发展，持续支持企业联合高校共同推动、培育云计算、人工智能等具有国际竞争力的龙头骨干企业；按不同层级区别云

计算系统，实现重点突破，加速应用深度以期实现数字经济高质量和持续发展。四是高性能集成电路。目前为解决长期困扰集成电路产业发展的投融资瓶颈问题，宜鼓励引导社会资金投入；加强对外开放，鼓励国内外企业积极合作。从长远来看，政府应加大基础研究的投入，为提高该产业的国际竞争力奠定基础。

对于生物产业，一是选择技术力量比较雄厚、投资环境好并已有一定生物技术产业基础的北京中关村、上海张江、辽宁沈大等自创区作为生物技术产业化基地，给予更为优惠的财政和税收扶持政策，集中力量发展为生物技术产业聚集区。二是对某些我国有较好基础、接近或达到国际先进水平或是我国有资源优势的技术领域，如转基因动物反应器、转基因植物、功能基因组、生物芯片、组织工程、中药等领域，加大协同攻关力度，尽快将一批拥有自主知识产权的生物技术和产品推向国际市场，增强并确立我国生物技术及产业的国际竞争能力和地位（郭燕霞、尤智涛，2007；费钟琳、魏巍，2013）。三是加快新型药物、作物新品种、绿色种植技术、生物燃料和生物发电、生物环保技术、生物基产品等开发培育和推广应用。

对于高端装备制造产业，一是加强重大技术成套装备研发及其产业化，突破高端测控系统、关键零部件、高档工作母机、特种优质原材料四个瓶颈环节。二是将研究和技术发展政策与其他政策相融合。将研究与技术发展政策与教育、竞争、管理、地区、农业及对外政策融合起来，尝试通过培育企业网络和创建中介机构，加强区域间创新资源的协同与共享，着力构建高端装备制造产业的创新集群（石勇，2007）。三是要完善产业技术基础体系，形成支持产品多元化、市场国际化的软实力，加紧制定技术标准、产品标准和工程标准，加强对技术认证认可的政策支持。

对新能源产业，一是明确发展路线图。未来新能源发展着力点应该遵循“补充能源→替代能源→主流能源→主导能源”的发展顺序，明确新能源发展的阶段目标和长远目标。二是新能源产业技术包括产品设计、生产和制造加工、产业规划、技术标准设定、监测管理等各项“硬”“软”技术。在“硬”技术方面，要提高自主创新能力，力争向产业链上游发展，降低对国外产业配套技术的依存度。在“软”技术方面，开发先进的电网调控和调度技术，构建智能电网，规范产业技术标准，同时明确法律法规对项目审批、专项资金安排、价格机制、上网电价等统一的协调机制。三是以资金支持、技术支持和公共服务等措施推动产业发展。四是以目标规划和法规规范为主，同时辅以金融支持、产权保护和税收优惠，为新能源产业创造良好的发展环境。五是完善新能源价格政策。借鉴国外的相关经验，在可再生能源发电上给予税收补贴、上网电价补贴等，以鼓励使用新能源电力。

对新材料产业，一是加强新材料产业链条衔接。材料类上游、中游和下游科技计划要加强互相衔接，既注重新材料研究发展的系统性和超前性，又特别关注其研究成果的工程转化和产业化。二是坚持市场导向。紧紧围绕国民经济和社会发展重大需求，充分发挥市场配置资源的决定性作用。三是强化创新驱动。加大原始创新、集成创新和引进吸收再创新力度，充分利用全球创新资源，努力突破制约新材料发展的核心技术和关键装备，着力提高新材料自主创新能力。

对于新能源汽车产业，一是基于技术预见和市场来选择技术路线。从不同技术路线来看，纯电动汽车、插电式混合动力汽车、燃料电池汽车各有不同的技术和经济优势，面对不同情景下的细分市场也各有其竞争力之所在。因此，应该由企业基于技术预见，根据自身的技术条件和市场情况，选择适合其发展的技术路线（钟永恒等，2011）。二是政府应该实施间接干预的政策。在技术研发领域，通过组建产业联盟、设立技术创新平台、提供财政支持等多种方式推动共性技术研发；在市场需求领域，通过提高政府采购规模、加大示范推广力度、实施税收减免与购车补贴等政策，推动消费市场的启动和增长；在基础设施领域，完善相关建设规划及标准，适度超前地加快基础设施建设（徐建伟，2015）；在标准制定领域，研究制定质量安全、燃油经济性、污染排放等行业标准，加强市场监管。

［参考文献］

［1］李健民，万劲波．地区技术预见与地区科技管理[J]. 世界科学，2003（4）：54－57.

［2］鞠晓伟，赵树宽．产业技术选择与产业技术生态环境的耦合效应分析[J]. 中国工业经济，2009（3）：71－80.

［3］孙伟．我国发展低碳经济面临的问题与对策措施[J]. 中国市场，2010（49）：193－194.

［4］王朝华．对环渤海地区低碳产业体系构建的设想[J]. 环渤海经济瞭望，2010（10）：3－7.

［5］郭燕霞，尤智涛．由我国的转基因技术研究引发的思考[J]. 山西科技，2007（4）：4－5.

［6］费钟琳，魏巍．扶持战略性新兴产业的政府政策——基于产业生命周期的考量[J]. 科技进步与对策，2013（3）：104－107.

［7］石勇．谈谈国外装备制造业的发展与振兴[J]. 求是，2007（9）：58－60.

［8］钟永恒等．我国新能源科技成果现状研究与未来发展建议[J]. 中外能源，2011（12）：27－32.

［9］徐建伟．我国新能源汽车发展的技术路线研究[J]. 产业经济评论，2015（6）：5－13.

后　记

本书作为本人主持的国家社科基金的最终成果在提交结题鉴定时，原定书名为《国家自主创新示范区战略性新兴产业演化跃迁机理研究》，成果简介名称为“发展战略性新兴产业：核心载体和一般规律”，顺利结题后本可立即出版，但自己总觉得不甚满意，反复斟酌后与出版社协商将成果简介名称定为正式出版的书名，同时再次对书稿进行了较大的修改，以求尽可能地呈现给读者一本精品。

本书献给我天堂中的父母！今年是父亲过世三十周年，母亲过世三周年，父亲 68 岁过世，母亲 86 岁过世，父亲过世时我 25 岁，母亲过世时我 52 岁，有时候觉得这些数字有些玄妙，但天机无法得知。父亲在世时，我从未想过他有一天会离开我，那时的我恣意地享受着父爱，我以为他会等着看我结婚生子，等着我有能力开车载着他回到浙江慈溪老家访亲问友。那时也读过《孔子家语·致思》，记得有这么几句：“树欲静而风不止，子欲养而亲不待。往而不来者年也，不可再见者亲也。”读时不解文中意，读懂已是文中人！三十年前的今天，天阴阴的，有点儿小雨，我从家里拿了被套返回医院，刚到病房门口，母亲就走过来告诉我：“医生说你爸爸急性心肌梗死，走了。”那一刻我真想对着父亲大声呼叫：“不准走！”可喉咙仿佛堵住了，大脑一片空白。我呆了，呆呆地甚至不知道流泪，呆呆地看着病床上似乎安详地微笑的父亲，呆呆地看着父亲嘴角溢出的一口血沫，呆呆地看着医院的工作人员将病床推向太平间。病魔带走了父亲，留给了我终生的遗憾和无尽的思念！转眼父亲离开我的时间已超过陪伴我的时间，但对父亲的思念从未随着时间的流逝而减弱，每当我在学习、工作、研究中取得成绩和进步时，欣喜的同时心中往往隐隐作痛，因为最疼爱我的父亲无法分享我的快乐！

三年前，也就是在本书的写作期间，母亲去天堂和父亲团聚了。母亲晚年，我在自己能力范围内为她做了人子尽孝该做的一切，母亲走后，我很平静，因为我知道纵然我千般不舍，万般难离，这一天还是会到来。但愿天堂里再无尘世纷扰，但愿天堂里再无命运弄人。

愿父亲、母亲天堂安好！

母亲走后，我身边的亲人就只剩下我的夫君和女儿了。夫君生性木讷，少言寡语，为人忠厚善良，虽然他有着名牌大学的学历背景，但似乎对功名利禄无所欲求。年轻时我也希望他去搞搞通俗意义上的“事业”，但随着年龄的增长，我越来越认可他的价值观和生活态度。相对于优秀的人来说，我们俩平庸、平凡，名不见经传，但从年轻时携手一路走来，我在成长，他在成熟。一路上，虽然他无法让我过上夫荣妻贵的生活，但他那并不高大的身躯却努力地为妻儿遮风挡雨，让人感觉安全踏实。当我醉心于自己感兴趣的研究时，他承担起了大部分家庭责任，女儿在他的精心培育下，出落得聪明大方、娇美可人。本课题立项的那年女儿以优异的成绩考上了华中科技大学。书稿写作时，不时传来女儿当上了所在学院的辩论队队长、学生会干部、优秀团干、文娱活动积极分子等令人愉悦的消息，给在写作中的我增添了力量。书稿完成时，女儿已远赴澳大利亚的墨尔本大学攻读硕士学位。母亲晚年经常需到医院看病，每次无论夫君自己的教学科研工作有多忙，都会抽出时间陪我一起送母亲去医院。母亲住院时，他用他那堪比专业厨师的厨艺按医生的要求为母亲烹制可口的饭菜。本书的作图部分也是在他们爷俩的协助下完成的。很幸运今生有他相伴，让我尽情地做自己喜欢做的事，当我扑腾得累了、倦了、受伤了，我知道有一座静谧的港湾，那是我停泊的地方，在那里我可以不必掩饰地做真性情的自己，在那里我可以无所顾忌地舔舐自己的伤口，在那里我可以收拾心情期待着终有一天我们会拥抱岁月静好！

书稿完成了，终究是一件能取悦自己的事，如果在取悦自己的同时又能对社会有一点价值，哪怕只是一点点，那就是再好不过的事了。

蒋　珩

2019 年 7 月 30 日于江大园